恋愛屋ジュン

恋愛の大学

飛鳥新社

はじめに

この本は、恋愛のルールと戦略を学ぶための本です。

多くの人が感覚的に向き合っている恋愛を、科学的に、論理的に解明することを試みた、おそらく日本初の一冊です。

はじめに強くお伝えしておきたいのは、**「成功法則は、常識とは真逆であることが多い」** ということです。
例えば、こんなことを聞いたことがありませんか？

「女性は優しい男性が好き」
「一途に愛する男性が素敵」
「熱い思いを伝えたら付き合えた」

これらは、すべて大嘘である、と断言します。
なぜかというと、女性の言う優しさと、男性の思う優しさはまったくの別物。
女性の言う「浮気しない男がいい」の意味と、男性の捉える「浮気しない」はまったくの別物なのです。

それはなぜ起こるのか。同じ人間ではあるけれど、男女というのはそもそも、体の作りも、脳の構造もまるで違う生き物だからです。
「相手の気持ちを考えろ」と言われても、まるで違う生き物なのだから、一生懸命考えても間違った行動しか出てきません。
その結果、昔の僕を含めた多くの男性は、気になった女性に間違ったアプローチをして嫌われたり、カノジョや奥さんに愛想を尽かされたりするのです。

僕らに必要なのは「女性に対する正しい知識」です。

僕は「男女の違いを科学的に解説し、日本中で起こっている男女のすれ違いをなくし、幸せなカップルを増やす」ことを目標に活動しています。

気になる子がいるけど、どうすればいいかわからない
そろそろ結婚を考えているけど、出会いすらない
大切なカノジョや奥さんとの関係をよりよくしたい
仕事で関わる女性とのコミュニケーションに悩んでいる

　そんな方は、ぜひお手に取ってみてください。
　ページをめくるたびに、あなたが今まで思っていた常識がひっくり返され、なぜ今まで恋愛がうまくいかなかったのか？　なぜ今まで女性とのコミュニケーションがうまくいかなかったのか？　が、手に取るようにわかるはずです。

　ごあいさつが遅れました。恋愛屋ジュンと申します。
　魅力的な男性を増やし、日本中の女性を幸せにするための情報を YouTube や SNS などを通じて発信しています。
「モテたいけど、何をすればいいかわからない」
「自分はブサイクだし、身長も低いし」
　という方でも、女性本能や恋愛感情について学べば、あなたの魅力は必ず上がります。

僕自身、昔はまったくモテない男でした。
　20 歳くらいまで女友達すらおらず、クラスの中でもいじめられているような人間でした。
　そんな僕の転機になったのは 20 歳のとき。好きだった女の子に告白してフラれたことです。
　僕の中では「付き合える」と思っていました。けど、フラれたのです。
　そして、その子は 1 カ月後にサークルの先輩と付き合い始めたのです。

「なぜ僕じゃないんだ」
「なぜ僕はずっと女性に必要とされないんだ」

　それをきっかけに僕は恋愛を本気で勉強しました。
　いろいろな本を読み、いろんな人に会って、めちゃくちゃ研究を重ねました。
　すると、1 つの結論に達したのです。

恋愛感情とは、子孫繁栄の本能である。

本能のしくみは、科学的に解き明かされつつあります。

数多くの恋愛理論と、本能のしくみを結び付けたとき、理路整然と「恋愛の論理」が浮かび上がりました。

それを発信し始めたのが、恋愛屋ジュンの原点です。

2018年に始まった僕の活動は、ありがたいことに多くの方々に支持してもらっています。

YouTube【魅力の大学】by 恋愛屋ジュン：登録者数 22.7万人

X（旧 Twitter）：2.9万フォロワー

魅力の大学 有料講座受講者数：延べ 6000人

最近は、モテ肌メンズスキンケアブランド「ALPHA」や、上質な出会いの場を提供する「atlink - アットリンク」など、情報発信だけでなく活動の幅を広げています。

改めて。恋愛も女性心理も、科学的に説明できます。

相手のことを正しく理解できたとき、本当に幸せな関係が作れるのです。

この事実をより多くの方に広めるために、書籍『恋愛の大学』としてまとめました。

まず第1部では、女性の本能のしくみを科学的に解説します。

「恋愛観は男女でどう違うのか」

「そもそも恋愛感情とは何なのか」

「女性本能は、男性に何を求めているのか」

を理解することがスタートラインです。

第2部は、実践編です。

1：出会いを生み出す

2：初デート

3：2回目デート

4：関係構築

のパートに分けて、トークの方法、コミュニケーションのコツ、立ち居振る舞いなど

を詳しくお伝えします。

第3部は、魅力の法則です。
　モテる男になり、女性と関わっていく過程で、あなたの「人間的魅力」も確実に成長していきます。恋愛を通して、人生全体が好転するのです。
　人を惹きつけ、魅了し、幸せにできる存在。そんな男性になってほしいと思っています。
　では、魅力とは何か。どうすれば魅力的な人になることができるのか？
　これを第3部でお伝えします。

　本書でお伝えするのは、**女性とは無縁だった僕が勉強し、実践し、6000名以上の受講生に伝えていく中で確立した「生きた知識」**です。
　それがどれだけの変化をもたらすのか、僕の人生と、数多くの受講生が証明してくれています。
　さあ、あなたもこの本で、女性を幸せにできる、魅力的な男性になりましょう！

第1部　女性の本能を知る
第2部　実践編
第3部　魅力の法則

恋愛を理解して魅力的な男になろう！

はじめに ………………………………………………………… 2

第1部　女性の本能を知る ……………… 13

科学的にわかってきた恋愛の正体
そもそも恋愛感情とは何か？ ……………………………… 14

生物学的に見ると、卵子のコストは精子の30億倍!!
オスが申し込んでメスが選ぶ理由 ……………………… 16

女性本能は、男を瞬時に役割別に分類する
「種オス」「育てオス」「守りオス」「外敵」 ……………… 18

女性が瞬時に嗅ぎ分ける3つの「男の価値」
「安定性」「多産性」「正確性」 ………………………… 22

進化心理学に基づいた女性の心理法則
男が理解できていない5つの女心 ……………………… 28

その女性観、恋愛観は間違っています
女性に対する幻想を捨てよ ……………………………… 34

第2部　恋愛の「4つの壁」を乗り越えろ

その1　出会いを生み出す ……………………… 39

逆算思考を身につけろ
「カノジョを作る」を目指してはいけない …………… 40

本能的に危険人物認定をされるな
女性が「絶対ムリ！」と思う男性の特徴 ⋯⋯⋯⋯⋯ 42

これが恋愛一次試験の突破法！
見た目の最低ラインを突破する BIG 5 ⋯⋯⋯⋯⋯ 44

女性コミュニティの掟は本能に刻まれている
女性が「周りの目」を気にする理由 ⋯⋯⋯⋯⋯ 48

認知数を増やせ
出会い方別特徴と攻略法 11 選 ⋯⋯⋯⋯⋯ 50

いきなり大勝負してはいけない！
出会いにおけるリスクを考える ⋯⋯⋯⋯⋯ 54

狙った女性を絶対に落とす方法など存在しない
恋愛は確率のゲームである ⋯⋯⋯⋯⋯ 56

補習　マッチングアプリ攻略法 ⋯⋯⋯⋯⋯ 58

まずは攻略の基本ルールを知ろう
会うまでの流れは 6 段階 ⋯⋯⋯⋯⋯ 58

最も重要なのはやはり「写真」!!
写真は「メイン」「サブ」「趣味」で構成 ⋯⋯⋯⋯⋯ 60

絶対に守ってほしいルールは 4 つ
マッチング率爆上がりの写真法則 ⋯⋯⋯⋯⋯ 62

「デートに行った雰囲気」を想像させろ
メイン写真の決め手は【彼氏感】 ⋯⋯⋯⋯⋯ 64

女性にウケがいい趣味とは何か
趣味写真の決め手は【共通点×憧れ】 ⋯⋯⋯⋯⋯ 66

文章構成はこれをパクってください
プロフィール文は 4 パートで構成 ……… 68

メッセージの段階では仲良くなる必要なし！
会う約束は 3 日以内に！ ……… 72

成功率 2 割バッターなら上出来！
マッチング率 20% を目指そう ……… 74

アプローチすべき女性の見極め方
狙うべき女性はずばり 3 パターン ……… 76

その 2　初デート ……… 79

多くの男が勘違いしている！
よくある初デート失敗パターン ……… 80

誘う段階でやってほしいこと
デートは準備で 8 割決まる ……… 82

これが事前準備の 2 大ポイント！
お店選び、身だしなみの注意点 ……… 84

女性はあなたの「動き」を見ている
「男として OK」と思わせる動作 ……… 86

初回で走りすぎてはいけない
初回デートの時間は 60 ～ 90 分 ……… 88

初回デートでやるべきこと その 1
第一印象をよくする「あいさつ」 ……… 90

初回デートでやるべきこと その 2
アイスブレイク ……… 92

初回デートでやるべきこと その3
仕事→趣味→過去の話 ……………………………… 94

初回デートでやるべきこと その4
恋愛話【重要項目】 ………………………………… 96

堅苦しさを外し距離を縮める3つのコツ
モテる会話のコツ …………………………………… 98

デート代は男が出す？　それとも割り勘？
お会計どうする問題 ………………………………… 100

できる男は少数、だから差別化できる
「恋愛スイッチ」を入れるエスコート …………… 102

補習　女心をつかむ LINE の使い方 ……… 104

これが届いたらあきらめたほうがいい
女性が送る「脈なし LINE」 ……………………… 104

これはほぼ一撃でアウトです
女性からキモい認定される LINE ………………… 108

モテる LINE、正解はこの1つしかない
LINE は「会うためだけ」に使え ………………… 114

その3　2回目デート ………………………… 117

2回目が勝負の夜になる
2回目デートでやるべきこと5つ ………………… 118

2回目デートでやるべきこと その1、2
2回目のメインは「より深い恋愛話」 …………… 120

2回目デートでやるべきこと その3
2軒目につなげる鉄板フレーズ ………… 124

2回目デートでやるべきこと その4
「今度○○しようよ！」が有効なワケ ………… 126

本能的恐怖を拭い去ろう
「ヤリ捨て恐怖」と「ビッチ恐怖」 ………… 128

勝負に出るべきか否かの分かれ道
「脈あり」「脈なし」を見抜くには ………… 130

2回目デートでやるべきこと その5
「告白」はどうすべきか問題 ………… 134

補習　異性をドキドキさせる褒め言葉 …… 136

女性にモテる会話法はこの2つ！
「質問」「リアクション」が最重要 ………… 136

「後天性」と「オンリー1」を意識せよ
女性への7つの褒めポイント ………… 140

女性を好きにさせる科学的原理
必殺技「逆脈ありサイン」を使え ………… 144

その4　関係構築 ………………………… 147

恋愛を優先順位のトップにしてはいけない
カノジョに振り回されない生き方 ………… 148

幸運の女神なのか、破滅へと導く悪魔なのか
アゲマン・サゲマンの見分け方 ………… 150

こんな素晴らしい女性とできれば付き合いたい
アゲマン気質な女性の特徴 ················ 152

急に返信が来なくなる、急に冷たくなる
ゴースティング女には関わるな ················ 154

パートナーとの関係図から学ぶアゲサゲ理論
どんな女性もサゲマンになりうる理由 ················ 156

キーワードは「自己重要感」
アゲマン気質を引き出せる男になる ················ 158

女性は「格下」から搾り取れるだけ搾り取る
サゲマンの餌食になる男の特徴 ················ 160

崩壊のパターンを知り、予防する
関係性を長続きさせる方法 ················ 164

モノの値段よりも大事なことがある
カノジョが「お土産」を喜ぶ深い理由 ················ 172

「交換可能」でない男になるために
「好き！」から「心のつながり」へ ················ 174

第3部　本当の魅力を獲得する ······ 177

交際を継続していく上で重要な概念
男性エネルギーと女性エネルギー ················ 178

4つのアクションで意図的に高めることができる
男性エネルギーの強化法 ················ 182

魅力的な男性に不可欠なもう1つのエネルギー
女性エネルギーを高める方法 ················ 186

フラれたあなたは人生の重要な分岐点にいる
フラれてしまったあなたへ·····························188

魅了される側ではなく、魅了する側を目指そう
魅力とは「与える人」になること·····················194

おわりに··198

さあ 僕らと一緒に 学んでいこう！

恋愛の大学学長
恋愛屋ジュン

恋愛の大学1年生
藻手内くん

第1部

女性の本能を知る

そもそも恋愛感情とは何か？

恋愛感情は科学的に説明できる

 まずは、恋愛感情とは何か？　という話から。
突然だけど人はどうして人のことを好きになると思いますか？

 えっ……なんででしょう。考えたこともなかったです。

 そうだよね。けど、好きという感情には合理的な理由があるんです。

 それって、何なんですか？

 子孫を残すためです。

 「好き」という感情は、子孫を残すため？？
どういうことですか？？

 最初の生物が誕生してからずっと、子孫を残すことで命をつないできました。その末裔が僕たち。だから**「子孫を残せ！」という本能が強く刻まれている。**子孫を残すために最適なパートナーを見つけたとき、人は「好き」と思うようになっているんですよ。

人を好きになるのは、子孫を残すため

　われわれ人間が子孫を残すには、異性のパートナーが必要です。それも、誰でもいいわけではありません。

　お互いの遺伝子を持ち寄って子どもを作るわけですから、お相手にはある程度優秀な遺伝子を持っていてほしいところ。直近の出会いの中で「この人は一番優秀そう！」と本能が察知した瞬間に、「この人ちょっと気になるな…」という恋愛感情が発動するのです。

　そして、最大のポイントは**子孫を作るまでと、子孫ができた後で必要な要素が変わる**ということ。

　噛み砕いて言えば、付き合う前後で、女性が見ているポイントが変わります。

　実は、一般的にイイ男と言われる、**優しさ、一途さ、真面目さ、愛の大きさ、お金などはすべて「付き合った後」に評価される項目**です。

　付き合う前は、それとはまったく別の生物本能的な評価がなされています。

　しかし多くの人は（女性自身も）その事実に気づいていないため、**間違った常識**が広まっているのです。

　第1部では、そんな「女性本能が見ている項目」をお伝えいたします。

一次試験　**付き合う前**
男としてどうか

二次試験　**付き合った後**
・優しさ
・一途さ
・真面目さ
・愛の大きさ
・お金……etc.

一次試験を突破しないと内面は見てもらえない!!

オスが申し込んでメスが選ぶ理由

メスとオスの違い、わかりますか？

まずは「**女心とは何？**」といったお話です。
突然ですが藻手内くん、オスとメスの違いって何でしょう？

う〜ん、オチ○チンがあるかないかですか？

おお、少しだけ正解。人間も犬も猫も魚も虫もオス、メスがいます。植物でもおしべ、めしべがありますね。
オスは基本的に、性細胞の数がめちゃくちゃ多い。人間ならば、1日で5000万から1億個ぐらい精子が作られる。1カ月で30億個も作られるんです。

ものすごい数ですね……。

一方、女性の場合は生理周期に1回排卵日があります。
性細胞は1カ月に基本1個です。

へぇー。たった1つだけとは。知らなかった。

この意味わかる？　1つの性細胞を作るエネルギーは、男と女で
1：30億の差となるんですよ!!

つまり女性が作る卵子って、めちゃくちゃ希少価値が高いってことですか!?

そういうこと。この価値の格差が恋愛に影響してくるんだ。

誰と付き合うか、選択権はメスにある

ここでのポイントは**「価値の格差」**です。

経済学でも出てくるのですが、数が少ないほうが貴重であり、価値が高い。ありふれたものには価値はつかない。空気には値段がつかないけど、ルビーやダイヤモンドは希少だから価値があります。**数によって価値が決まる**。これが基本的な考え方です。

この本を読んでくださるのはほとんど男性だと思いますが、僕らの出す精子は1カ月に30億個作られる。一方、女性の卵子は1カ月にたった1個しか作れない。だから**卵子は精子の30億倍ぐらいの価値があります。それぐらい卵子の価値は高いのです。**

ゆえに、基本的にはオス側がメス側にお願いする立場で、メスが交際〇Kかどうかを判断することになります。

メスが「こいつには私の卵子差し出す価値はないな」と思ったら「はい、さようなら」なんですよ。「この男ならOK」となれば、おめでとうございます、ですね。

このような「オスがアプローチする。メス側が判断する」という構造は、すべての生物に共通しています。

僕たちはここからどうすればいいのか。まず覚えておいてください。

われわれ男に選択権はありません。誰とデートに行くか、誰と夜を過ごすのか、誰の遺伝子を受け入れるか、その選択権は女性にあります。

生物学的に、**オスが申し込んでメスが選ぶ**。そういうシステムになっています。

「種オス」「育てオス」「守りオス」「外敵」

男は4タイプに「フォルダ分け」される

生物には生殖本能、つまり子孫を残す本能がプログラムされてい
ます。だから恋に落ち、交尾して、子どもを作ります。
ただし、女性の立場で考えると、誰とでも交尾して子どもを作っ
たらダメなんです。

なぜですか？

女性は妊娠、出産というリスクがあり、その子どもが自立するま
で面倒を見なければいけない。
だから、よりいい男性の遺伝子を選ぶために慎重になります。
女性は男性に出会うと、**本能的に4タイプにフォルダ分け**
します。

女性は出会った瞬間に男を 4タイプ に
フォルダ分けしている！

恋愛対象!! 種オス

キープ 育てオス

ただの友達 守りオス

関わりたくない 外敵

スイ スイ カチ カチ

その1：種オス

種とは遺伝子のことです。**種オスとは、メスに「あなたの遺伝子をちょうだい」と言われるオスのことです**。女性は、そんな種オスを本能的に選び取っています。

女性は自分の持つ卵子と、男性の遺伝子を合体させて子どもを産みます。女性は男性に会った瞬間に本能で「この男と作った子どもは子孫繁栄に向いている」「とてもモテる子になるに違いない」と判断しているのです。

それゆえ、女性から種オスと認定されると「好き」「カッコイイ」「付き合いたい」「キュンキュンする」「ドキドキする」「ムラムラする」などの感情が女性に生まれます。**あなたが女性と恋愛したいなら、まず種オスフォルダに入らなければいけません。**

その2：育てオス

育てオスとは、子どもを育てるパートナーとなるオスのことです。人間の子どもは他の動物と比べても育てるのがとても大変です。歩けるようになるまでに1年、話せるようになるまで2年かかる。

育児には、安全や食料や教育などのリソースが必要になります。協力してくれるオスがいないと困るんですよ。そこで、一緒に育児をしてくれる育てオスが必要です。

いわゆる、男性の優しさ、誠実さ、真面目さ、高収入などの要素を持つオスは、この「育てオス」に分類されます。子どもを育てるときに必要な要素です。

・高学歴
・高収入
・真面目
・優しい
給料

女性目線で見ると「優しさいるよね。それに、他の女と浮気されたら困るじゃん」「私と子どもたちにも食料ちょうだいよ」「育てるときお金いるじゃん、当たり前だよね」となります。

育てオスというのは**どちらかというと結婚対象**です。「彼氏と違ってドキドキやキュンキュンはしないけど、結婚相手としてはいいよね」と分類されるのが育てオスです。

その3：守りオス

　妊娠や出産、乳飲み子を抱えているとき、女性は敵に襲われたら太刀打ちできません。だから、守ってくれるボディーガードが必要です。**この場合のボディーガードは「男友達枠」、これが守りオスです。**

　例えば、女性が2人で居酒屋にいたら「オネエチャンたち、何してるの？」と男に声をかけられます。だけど、そこに1人でも男がいたら絶対に声はかけられません。守りオスを連れていることがガードになります。

ボディーガード役

オス1

オス3

オス2

　女性は「守りオスを近くに置いておいたら変な男が寄ってこなくなる」「（守りオスは）悪い奴じゃないし、たまにおごってくれるからいいか」と考えています。辛辣(しんらつ)ですが、**女性にとって守りオスは、それぐらいの価値**なのです。

その4：外敵

　最後の分類は「外敵」。**まさに「関わりたくない男」とされています……**。

関わらんとこ……

　残念ながら、女性の立場からして、まったく恋愛対象として見えない。「論外」、「アウトオブ眼中」とも言いますね。

　そもそも関わる必要性を感じておらず、その結果、連絡先を交換してくれないどころか、会話すら拒否される事態に。

　なんとか異性から外敵扱いされないように、本書を読んで自分を磨いていきましょう。

恋愛対象となるのは「種オス」のみ

　この分類された4種類の中で、**女性の恋愛対象となるのは「種オス」のみ**です。「この人の遺伝子が欲しい」ときだけに女性は恋に落ちます。「キュンキュン、ムラムラ、ドキドキ」して「好き」という感情が生まれます。要するに、その男の種が欲しいと本能が感知したとき、好きにつながります。

　われわれは種オスに分類されることを目指さなくてはなりません。なぜなら**種オスフォルダに入らないと恋愛関係になることができないからです**。お付き合いを継続していくときに「育てオス」の要素も必要になりますが、必ず先に種オスの枠に入らなければいけません。

　種オスになる条件は「遺伝子を欲しがらせる」ことです。つまり、女性に「この人と交尾をして子どもを作ったらきっと子孫繁栄に向いている子どもが生まれるに違いない」と思われること。

　この4種類の分類ですが、**女性は男性と出会ってからだいたい3秒から7秒で決めている**といいます。その後、**3分経つとほぼ確定**です。

　女性の本能は判断までがめちゃくちゃ速いんです。

　しかも、一度決まると、覆すのはなかなか難しくなります。

「安定性」「多産性」「正確性」

男の価値＝繁殖に適しているかどうか

種オス認定されるためには男の価値を上げ、女性の気を引かねばなりません。男の価値って何かわかる？

背の高さや年収とか？

多くの人はそう思うよね。けど、実は違います。いろんな評価軸がありますが、**科学的な論文によると「繁殖に適しているか」**。女性は男性を見る際、繁殖できる子が生まれるかを本能的に考えています。後に理性で「カッコイイ」「話がうまい」とか理由づけしているんです。その要素は、生物学者のリチャード・ドーキンス博士によれば**3つ**だけです。**安定性、多産性、正確性**です。これを学んでいきましょう。

①**安定性**［病気、寄生虫に強い］

　病原菌、ウイルス、寄生虫などに感染しづらく、病気になりづらい性質が安定性です。
　子孫を残すためには、生まれた子どもに健康な大人になってもらう必要があります。そのため、健康であるというのは遺伝子の中でもかなり重要な要素です。
　あなたが健康体であることを女性に証明できれば、オスとしての魅力を感じてくれます。では、女性はどこを見て男性の健康度を判断しているのでしょうか？

・**体型**

　ガリガリで骨が浮き出ていたり、お腹がボテッと出ているのは、見るからに不健康そうですよね。食生活を整えて、適度に引き締まった体を維持しておきましょう。

・**肌**

　肌のキレイさも、健康度がわかる重要なポイントです。体調の悪い人を見たとき「顔

色悪いよ」と言いますよね。**人間は、人の顔を見ただけで健康状態がわかるようになっているのです。**

　ニキビや肌荒れなども、外敵（アクネ菌や乾燥など）に負けて炎症を起こした結果起こるものです。肌がキレイなのは、菌や外傷に強い証拠になり、女性からは安定性が高いように見えるのです。

　実は、男性から見た女性にも同じことが言えます。僕たち男性も、肌のキレイな女性には本能的に惹かれるはずです。それは、肌のキレイさから健康状態（＝自分との子を妊娠できるかどうか）を判断しているから。どこかのことわざで「お金持ちの奥さんに、肌の汚い人はいない」と言われるほど、肌は重要なのです。

　肌の手入れのポイントは「マイナスケア」です。洗いすぎない、ベタベタ塗りすぎない。たっぷりの泡で優しく洗顔した後に、化粧水をサッと塗るだけで OK です。乾燥が気になるときだけワセリンを薄く塗っておきましょう。モテ肌のためのメンズスキンケアセット「ALPHA」を弊社で開発しているので、ぜひ使ってみてください。

・髪

　髪は、体の中で最初に犠牲になる場所、と言われています。人体の中では、内臓や骨、血管、脳などが優先され、表面に近い肌や髪は後回しにされます。栄養や水分が不足すると、真っ先に髪の毛がバサバサになったり、抜け落ちていきます。

　月に１回は美容室で手入れをして、出かけるときは必ずヘアセットをするようにしましょう！

・匂い

　変な匂いをかぐと、人は「生命の危険」を察知するようになっています。腐った食べ物や、危険なエリアなどを嗅覚で認識できるのです。変な匂いがする男性は、一撃でアウト。香水を振りまくる人もいますが、香水はほんの少しで OK。なんなら使わなくても問題ありません。それよりも**「変な匂いがしない」**ことが大事。冬でも無香料の汗拭きシートを持ち歩いておき、耳の裏、うなじ、首、脇などの匂いケアは怠らないようにしておきましょう。

　安定性の本質は、水分と栄養です。体にいい食事をなるべく取るようにして、スナック菓子やジャンクフードを避け、水は１日２リットルを目安に飲むようにしてください。自然と健康的な体になり、安定性がアップしていきます。

②多産性　[多くの子を作れる]

　これは「**多く**の子どもを**産める性**質」です。子孫の数が多ければ多いほど、子孫が繁栄する可能性は高まりますよね。

　人間の本能は、原始時代からほとんど進化していないと言われています。原始時代は、今のようにほとんどすべての子どもが大人になれるわけではありませんでした。ですので、たくさんの子を産める能力が必要だったのです。

　男性の場合は「モテるかどうか」の一言に集約されます。多くの女性から求められるオスである＝多くの子どもを作ることができるということ。また、モテる遺伝子を子どもに受け継ぐことができれば、孫やひ孫が増える可能性も高まります。

　では、目の前の男性がモテるかどうかを女性はどうやって判断しているのでしょう。

　1つ目のポイントは**「女性慣れ感」**です。デートのエスコートに慣れているかどうか？　会話がスムーズで緊張していないか？　女性が喜ぶ言葉をサラッと言えるか？　といったところを評価されています。

　「チャラかったら嫌われませんか？」と思うかもしれませんが、チャラさと女性慣れ感は別物です。ただの遊び人ではなく、女性の喜ばせ方を心得ている"紳士"くらいの空気感です。

　ガチガチに緊張している経験値のない男だと、女性も不安になります。ある程度慣れていて、堂々とリードしてくれる男性だったら、安心してついていけるのです。

　2つ目のポイントは**「執着心のなさ」**です。モテる男性は、常に周りに女性がいます。ですので、1人の女性に執着することがありません。

　「僕には君しかいないんだ！！」「絶対大事にする！　だから振り向いて！！」というアプローチをした瞬間に、嫌われてしまいます。一途が有効なのは、付き合ってからや、体の関係になってから。

　「他にもいっぱい言い寄られてるんだけど、僕はあなたに興味あるんだ。まぁ君が僕に興味ないなら他行くけど」くらいのマインドがモテます。

　3つ目のポイントは**「周囲の評判」**です。周囲の人からの評価が高く、男女問わずモテているのであれば、自然と多産性の証明になります。

　気になる女性にだけ必死にアプローチをして、他の女性や男友達をないがしろにするのは最悪です。むしろ、**男性からも慕われていて、女性からも一目置かれている、そんな存在に惹かれるのです**。

兵法にもありますが、「正面突破」よりも「包囲作戦」のほうが圧倒的に勝率が高いのです。まずは周りから。大局を見られる賢い男性になっていきましょう。

Point
1. 女性慣れ感

あ、あの…えっと…

どうぞ

紳士！

Point
2. 執着心のなさ

君しかいないんだ！

キモ…っ！

君が興味ないなら仕方ないね

Point
3. 周囲の評判

男女問わず

モテている！

③正確性　[生まれ持った要素]

正確性とは、細胞分裂がいかに正確に行われているか？です。

　人間の子どもは、卵子と精子が結合し、1つの受精卵になるところから始まります。1つの受精卵は、2つ、4つ、8つ…と分裂していき、人間の形になります。この分裂のときに、ミスが起こることがあります。

　分裂ミスが少なければ少ないほど、故障箇所の少ない個体になるのです。では、正確性はどこでわかるのか？

　1つは、左右対称さです。**一般にイケメンや美女と言われる人は、顔や体が左右対称に近いという特徴があります**。これは眉を整えたり、歯の矯正をすることによってある程度修正することが可能です。

　整形に関しては賛否両論ありますが、僕は「最強の切り札ではないことを理解した上で、リスクとリターンを考えて選択してほしい」と考えています。整形してイケメンになればモテる、と勘違いしている人が多いですが、たった1つの要素にすぎません。他の努力と合わせなければ意味がないのです。

　もう1つは、才能です。歌がうまい、センスがいい、物事の習得が早いなどの才能は「生まれ持った要素」と認識されがちです。こういった能力を磨くのも1つです。

　最大の注意点は**「努力していることをアピールしてはいけない」**ことです。あくまで評価されるのは、生まれ持った才能と捉えられた場合です。裏側でいくら血の滲むような努力をしていても、女性の前では「え、なんもしてないよ」と、とぼけた顔をしておいてください。

努力で改善できるものが多い

生まれつきの顔や身長は変えられませんが、実はこれらはモテの要素のごく一部です。

親ガチャという言葉がありますが、僕は「自分の可能性をあきらめた人間の言葉」だと思います。環境や自分の努力次第で変えられる部分が多分にある。これは、文字と言葉を理解し、自らの行動を変えられる人間だけの特権です。

もし僕が人間以外の動物だったら、一生童貞のまま死んでいたはずです。しかし知識を得て、経験を積み重ねたからこそ、今では人に教えられるまでになったのです。

男磨きに終わりはありません。よりいい男になるために、ほんの半年前に苦手だった筋トレをスタートさせたり、芸術的才能を伸ばすためにボイストレーニングに通い始めたり、本業である会社経営でも毎年新たな挑戦を続けています。

一歩一歩、できるところから挑戦していってください。その積み重ねによって、1年後、3年後、10年後の未来がまるで違うものになります。

努力で未来は変えられる！

+お金
信頼
才能

1年　3年　10年

男磨きに終わりはないぞ！

さて、ここまでは女性が本能的に惚れる男の要素をお伝えしてきました。ここからは、本能的要素から導き出される「女心の性質」についてお話しします。

男が理解できていない5つの女心

女心の理解はモテに大きく影響する

 次の大テーマは女心。女心を理解した上で女性が喜ぶようなコミュニケーションをとると、**女性から「わかってるね」「楽しい」「できる男」という評価を受けます。**

それができればモテそうですね!!

 カノジョができるだけじゃなく、職場の女性とも仲良くなれます。女性が味方だと人生も生きやすくなりますよ。

へー。でも難しそう……。

 そんなことないです。**たったの5つにまとめました。**これを自分の頭の中に刷り込んで、**自然に女心を理解したコミュニケーションがとれるようになってください。**

① 「特別感」（ナンバーワンではなくオンリーワン）

女性に「あなただけは特別だよ」ということを伝えましょう。大切なのは、他と比較したときの1番ではなく、**比較対象のいないオンリーワンであること。**

「こんなに安心して話せるの〇〇ちゃんくらいだよ」
「初対面でこんなに仲良くなったの初めてやわ」
「〇〇ちゃんだから言うんだけど…」

などは、非常に有効ですね。子孫を残す確率を上げるには、男性のリソースをなるべく独占したい、と思います。代えの利かない唯一の存在であれば、その確率が高まりますよね。

「〇〇ちゃんが1番だよ」と言ってしまうと「え、2番がいるの？　誰？（そこのリソースは私にくれないの？）」と思われてしまいますので、注意しておいてください！

とても使えるテクニックは、**相手の情報をメモすること**。僕が一時期仲良くしていた、ナンバーワンのキャバ嬢がやっていた方法があります。彼女は数百人ものお客様の情報を、名前、写真、いつ来店したか、趣味、話したことなどすべてメモしていたのです。久々に会ったときに「久しぶり！前は3月だったよね。前言ってたあれどうなったの？」と言われてしまったら、誰でも好きになりそうです。

女性の好きなもの、行ってみたい場所、直近の悩みなど、使えそうな情報はメモしておく習慣をつけておきましょう。

また、付き合っている女性に対してはお土産作戦も有効です。**離れているときも自分のことを気にかけてくれた（リソースを提供する意思があった）事実が嬉しいのです。**女性がLINEや電話が好きなのも、同じ理由ですね。

僕が地方に行ったとき、数百円くらいのお菓子をカノジョに買っていったことがあります。それを「え！本当に⁉ 嬉しい‼」とめちゃくちゃ喜んでくれたんです。

欲しがっていたものでも、高価なものでもない。けど、離れていても考えていてくれて、出張先でも私のことを思い出してくれた事実が、何より嬉しかったそうです。10万円のプレゼントよりも、数百円の気持ちの勝利だということですね。

②「自己効力感」（役に立ちたい）

自己効力感とは「自分が誰かの役に立っている実感」のことです。

多くの男性は、女性が困っていたら助けようとし、仕事を手伝い、悩みを解決しようとしてしまいます。しかし、2006年の「広島大学心理学研究」に掲載された論文によると「仕事や勉強を手伝う」ことと、付き合えるかどうかとは関係がないことがわかりました。

女性は手伝ってほしいのではなく「男性の役に立ちたい」のです。

子孫繁栄のためには、自分と子どもの分の食料や安全、協力者が必要です。そのためには、パートナーである男性に社会で活躍してもらう必要があります。ですので、自分の助けによって男性が成功することが、何よりの喜びなのです。

「○○ちゃんのおかげで明日からも頑張れるわ！」
「こないだ教えてくれたアレ、めっちゃよかった！」
「本当に助かったよ、おかげで商談成功できた」

などと、**「おかげで」** を意識したコミュニケーションをとっていきましょう！

③「共感」(同じ気持ちになりたい)

人類は、お互いに戦争をし、殺し合ってきた歴史があります。そのため本能的に「この人は敵か味方か？」を判断するしくみがあります。敵の可能性があるとみなされた瞬間に、人は心のシャッターを下ろし、二度と関わらないようにしてしまうのです。

逆に仲間になれるとわかったなら、とたんに心を開き協力的になります。そこで大事なのが共感です。

共感と聞くと「わかる」「～だよね」と同調すればいい、と思う方もいるかもしれませんが、女性の思う共感は違います。**共感とは「同じ感情になる」こと**。

女性が楽しい話をしているときは、自分も一緒に楽しむ。女性がテンション上がっているときは、自分も一緒にテンションを上げる。美味しさに感動しているときは、自分も「え！！ これ超美味しいじゃん！！」と感動する。これが共感です。

同じ行動をして、同じ感情になった、という事実が本能的仲間意識を生み出します。一緒に楽しみ、一緒に感動し、一緒に美味しさを味わい、一緒にテンションを上げる。**キーワードは「一緒に」**です。

モテない男性に多いのは、感情の起伏が少ないこと。逆にモテる人は感情表現が豊かで、テンションの上下をわかりやすく表現できる人です。恥ずかしがらずに、相手へのサービス精神をもってコミュニケーションをとりましょう！

今すぐ使えるテクニックを1つお伝えすると、デートのときの席配置をカウンター席などの横並びにすることです。向かい合わせのテーブル席に座ってしまうと、視界に別の景色が映りますし、心理学的にも「敵対」の位置になり心の距離が遠くなります。

隣同士だと、視界が同じなので「一緒に」の会話が生み出しやすく、体の距離も近いので、自然と心の距離も縮まりやすくなりますよ。

同じ感情になる

美味しい！

超美味いね！

デートの席配置は横並びで

夜景一緒に
見れてよかった

④「非日常感」（現実を忘れたい）

女性は、非日常が大好きです。ディズニー、旅行、映画やドラマの世界、アイドルやライブ、フェスなど、とにかく非日常空間に吸い寄せられます。それは本能にプログラムされた性質なのです。

もともと人間は 100 〜 150 人ほどの群れで生活していたと言われています。すると群れの個体のほとんどは、親戚になります。

遺伝的に近い人同士で子どもを作ってしまうと、遺伝的欠陥が生まれやすくなります。ですので、本能的に近縁の人には欲情しないようになっています。

では、どうやってパートナーを探していたのか？　それは他の群れとの交流が起こるときです。市場を開き物資を交換しつつ、共に酒や食事を楽しみながらパートナーを探していたのでしょう。それが「祭り」の起源という説もあります。

女性は日常ではパートナー探しをしないようになっており、非日常空間に行ったときにそのスイッチが ON になります。デートや会話の際には、日常を忘れさせることを意識しましょう。**女性が好きなのは悩みを解決してくれる男ではなく、悩みを忘れさせてくれる男なのです。**

その際に使えるのが、仮定法会話です。「もし〇〇だったら〜」というトークをすることで、空想の世界へ誘ってあげるのです。

「1 カ月休みがあるなら何したい？」
「100 万円あったら何に使う？」
「焼肉か寿司、どっちか 10 年間禁止だったら？」

など、ぜひ使ってみてください。

⑤ 「責任回避思考」（決定したくない）

　女性は、決定を避け責任を回避しようとする本能があります。これは「守り」の思考です。

　子どもを育て、群れを維持していくためには、可能な限りリスクを排除してミスを防ぎ、安全と安心を作る必要があります。

　一方男性は「攻め」の思考です。狩猟したり、新天地を開拓したり、他民族との交流では、一定のリスクとミスを許容しながらも前に進む姿勢が必要です。どちらがいい悪いではなく、そういう役割分担だということです。

　つまり、女性は決定や責任を避け、決定力があり責任のある立場にいる男性を好みます。

　デートで女性に気を遣って「何食べたい？」「どこ行きたい？」と聞いてしまう男性がいますが、これは逆効果。むしろ「めっちゃ美味しいお寿司あるから、そこ食べ行こう！」などと、行く店、集合場所や時間、注文するものなどは男性がリードして決めていきましょう。**時折意見を聞きながらも、最終的に「じゃあこれにしよ！」と決めるのは絶対男性であるべきです**。ひいては「キスしていい？」「ホテル行かない？」などと、大事な場面での判断を女性に押し付けるのは最悪です。

　男の魅力を上げるためにも、普段から自分で決定して、他人のせいにしない習慣をつけていきましょう。

　「昼は何を食べるか」「どこへデートに行くか」「どんな仕事をするか」「どう生きていくか」など。**他人のせいにして文句を言うのは簡単ですが、それでは女々しい弱いオスになってしまいます。**

　あなたの人生は、自分で決めて、自分で歩むもの。その日常の生き方が、女性と会ったときに出るのです。

女性に対する幻想を捨てよ

藻手内くんはどんな女性と付き合いたい？

うーん。料理が上手で、僕のお母さん以上に優しくて、夜はいろんなことをしてくれるみたいな女の子がいいですねぇ。

だいぶバーチャルな恋愛観に染まっているね……。その幻想を正しい認識に変えよう。**まずは「女性、恋愛とはこの程度」という現実を知ること。**4つあるので解説していきます。

①「女性を選べる」という幻想

　本書17ページでもお伝えしましたが、生物の構造上恋愛は、男性が申し込む側であり、女性が選ぶ側です。つまり男性には、体の関係になったり、付き合う女性を選ぶ権利は基本ないのです。

　男性にあるのは「お申し込みの権利」だけ。逆に女性は、男性の申し込み待ちになります。

　「好きな人とだけ付き合いたい」「童貞卒業は本命の女性がいい」という方がいらっしゃいますが、愚の骨頂です。僕らにはそんな権利はありません。申し込んだ中でOKをくれた女性とだけ、関係を持つことが許されます。

　現代人はSNSやポルノサイトの発達によって、無意識のうちに自分好みの女性を選ぶことが習慣になってしまっています。しかしそれは、ネットの世界だから許される幻想であり、リアルとはまったく違います。

　そもそも、深く話したこともない、お互いの体を重ね合わせたこともない、生まれ育ちも詳しく知らない相手のことを、なぜ運命の人と決めつけられるのでしょうか？それはあなたの脳が「この人は生殖対象として最適だから狙ったほうがいいよ！」と感じて生み出した幻想です。

　世の中には数え切れないほどの女性がいます。あなたと価値観も性格も合う女性が、必ずいます。

　就活に例えれば、男性が就活生、女性が企業です。就活生は企業に申し込みをし、面

接を受け、内定が出た企業の中から選びますよね。

男性が選べるのは「内定が出た相手」だけなのです。

多くの人は１社だけにエントリーし、不合格になって落ち込んでいるのです。最低10社は申し込んだほうがいいのでは？　と思います。

②「男女は１対１が基本である」という幻想

現代日本でも採用されている一夫一妻制は、キリスト教がもとになっている考え方です。明治維新から終戦後にかけて、諸外国の影響を受けて日本にその文化が入ってきました。

人類史的な宗教の考え方は「治安維持」のためのものです。一夫一妻制にしてすべての男性に妻をあてがうと、守るべきものが生まれます。その結果、犯罪行為や捨て身のテロが減り、国家の危機の際には妻子を守るために命懸けで戦うようになります（もちろん宗教についてはさまざまな考え方があり、これは１つの見方です）。

古代の人類は、ゆるやかな一夫多妻であったと言われています。 10人以上の妻を抱えるリーダーから、２〜３人の妻を持つ男、１人の妻を持つ男、妻がいない男……というグラデーションです。

昔の将軍や天皇にも数多くの奥様がいたとされていますし、次の１万円札の肖像となる渋沢栄一にも２人の妻と数人の妾がおり、子どもは約50人という説もあります。

そして優秀な異性にありつけなかった人同士は乱婚をして、複数の人の精子を膣の中で競争させ、勝ち残った屈強な精子を選び抜くという手法をとっていたそうです。

恋愛観は、文化の影響を強く受けます。メディアが不倫や浮気を叩くから「いけないこと」として認識していますが、それは「現代日本において」なのです。

海外では付き合うという文化がなかったり、同時交際が当たり前の国もあります。「なんとなくの空気感」に流されていると、真実が見えなくなります。広い視野を持って、現実に即して考える習慣をぜひ持ってください。

③「優しく誠実な男がモテる」という幻想

女性に好きなタイプを聞くと、８割以上が「優しい人が好き！」と答えます。では、それを信じて女性に優しくした男性はどんな末路をたどるでしょうか。

告白しても「友達のままがいいな」とフラれ、アプローチしてもすぐに嫌われてLINEをブロックされ……いったい何が悪いのかわからない。そんな相談が僕のもとには大量に届きます。

なぜこんなことが起こるのでしょうか？　それは、**女性の言う「優しさ」「誠実さ」と、**

男性の思う「優しさ」「誠実さ」が違うからです。

すぐに手を出さないこと
１人の女性だけにアプローチすること
カノジョや奥さんを最優先にすること
女性に気を使ってごきげんをとること
一切の嘘をつかず、本当の自分をさらけ出すこと

　これらは優しさでも誠実さでもないのです。多産性の低い、ただの奥手、ただ出会いの少ない非モテとみなされます。

> **誠実さとは……**体の関係の女性や、付き合っている（結婚している）女性に対して、その女性が満足するだけのリソース（時間、お金、精神力）を提供し続けること。
>
> **優しさとは……**デートやエスコートや女性の扱いに慣れていて、安心してついていくことができ、自分のことを女の子扱いしてくれること。

　つまり、誠実さは関係ができた後に大事にすることであり、優しさは女性理解力なのです。

④「友達から徐々に仲良くなる」という幻想

　僕たちは幼いころからマンガの恋愛エピソードや恋愛ドラマ、恋愛映画をたくさん見ています。ある意味、僕たちは恋愛をエンタメから学習しているのです。
　例えば、こんな典型的な恋愛のパターンを見たことはないでしょうか。主人公の男の子と女の子は同級生で、最初は嫌い合っている→急に事件が起こり２人の距離が急接近し、やがて結ばれることに……。このパターンは現実ではありえません。他のパターンで、友達からグループ交際を経て、徐々に距離が近づくなんてこともありません。**なぜなら女性と付き合えるかどうかは、会った瞬間にほぼ決まるからです**。恋仲になる２人は最初から恋仲であり、会った瞬間から３日目ぐらいまでに勝負が決まります。ただし、このような現実を映画にするとドラマチックでないので流行りません。男性から「仲のいい女友達と付き合いたいです」と相談されることもありますが、異性の友達か恋愛対象かはすでに決まっているので、逆転は難しいです。
　恋愛マンガ・ドラマの世界、それは幻想です。現実でカノジョを作るには自分から動

くしかありません。

　同様に、多くの男性が勘違いしていることに「女性に熱い思いを伝えたら振り向いてくれる」という幻想があります。「何回フラれてもめげずにアプローチして、ようやく結ばれた」は、とてつもなくレアなケースです。よくアイドルソングの歌詞に書かれていますが、あれは恋愛が苦手な人の共感を生むためのマーケティングです。あくまでもファンタジーなので、信じてはいけません。何回もア

プローチされたら、普通の女性は「気持ち悪い」と思いますからね……。

　では、もう一度この「4つ幻想」を見てみましょう。

① **「女性を選べる」という幻想**

② **「男女は1対1が基本である」という幻想**

③ **「優しく誠実な男がモテる」という幻想**

④ **「友達から徐々に仲良くなる」という幻想**

　これらを理解しておくと、女性に対する間違ったアプローチをせずにすみます。

　ぜひ幻想を捨て、現実を見て、学んでください。

恋愛は、理性でなく本能に突き動かされている

　この4つの幻想を、今すぐに切り替えるのは難しいと思います。できるところから1つ1つ腑に落ちるよう講義していきますので大丈夫です。だんだんと「なるほど、ジュンが言っていたのはこういうことか」というタイミングがきます。この講義も何度も読み直し、復習してください。新しい発見があるかもしれません。

　ここまで解説してきた通り**「人間の本能はめちゃくちゃ強力」**です。時には本能に逆らえないときもあります。あなたが三日三晩寝ていなかったら立ったまま寝ちゃいますね。その睡眠欲には、理性や気合いではどう頑張っても勝てません。ただ、本能はどういう動きをしているのか、自分ではわかりません。なぜ自分にこういう好みや性質があるのかも自己認識できないんです。

　それは男性も女性も同じです。

　女性も「なぜ私はこんなふうに男を選んじゃうのか」は理解できていないんです。

　相手の男に「安定性」「多産性」「正確性」があると、女性は「なんでかわかんないけどこの男マジヤバい、カッコイイ、好き」となります。その正体は「本能に突き動かさ

れている」のです。28〜33ページで紹介した「5つの女心」も「なぜそうされると嬉しい」のかは女性自身もわかっていませんが、知っていれば確実に効果があります。

　ただ、この本を読んだ男性は、女性の本能を理解した上でコミュニケーションをとれます。すると、女性から「この人はわかってる」「すごい。この男を逃しちゃいけない」と思ってもらえるかもしれません。

　全世界の女性は「わかっている男」を求めています。なぜなら世の男性は女性のことを本当に理解していないからです。

　僕は女性を研究し始めて8年、「恋愛屋ジュン」を始めて5年経ちます。調べ、勉強し、実践し、さまざまな人に伝えてフィードバックをもらい、やっと人に伝えられるようなメソッドが完成しました。

　これまでは「女の子って何?」「本能って何?」と行動の原理を誰も教えてくれなかったんですよ。もちろん今はYouTubeやX（旧Twitter）などのSNSを通じていろんな情報もいただけます。そして、僕もみなさんの応援のおかげで、こんな講義ができて、本を出せています。

　だから僕はもっと女性のことを理解し、女性を幸せにできる魅力的な男性像をみなさんにお伝えし、一緒に実践していきたい。そして、日本中の女性を幸せにできるような仲間に一緒になれればと思います。

恋愛の「4つの壁」を乗り越えろ

その1　出会いを生み出す

「カノジョを作る」を目指してはいけない

ゴールは「理想の女性と付き合い、幸せになる」

第2部では実践編ということで、以下の4つのパートに分けて解説していきます。

> その1　出会いを生み出す
> その2　初デート
> その3　2回目デート
> その4　関係構築

　本書では、付き合ったり結婚したりした後に「お互いにとっていい関係であり続ける」ことをゴールにしています。多くの恋愛指南書やサポートサービスは、カノジョを作ることや結婚することをゴールにしています。もちろんそれで幸せになる人たちもいるのですが、多くの人はその先にも課題があります。

　結婚したのに、嫁から嫌われて家庭内に居場所がない。カノジョをベッドに誘っても断られ続けていてつらい。せっかく付き合ったのにケンカばかりで大変。こんな現象が日本中で多発しています。

　ゴールはカノジョを作ることではなく、愛する人と幸せな関係を作っていくこと、のはずです。

　本書では「関係構築」を見据えた上での、出会い方、デートの手法、告白の考え方、付き合い方を述べていきます。先を見据えて逆算していく " 逆算思考 " を身につけてください。

「3回目のデートで告白しろ」は本当か？

　よく「告白は3回目のデートが一番成功率が高い」と言われます。ネットでもこういった発信を目にしたことがある方は多いのではないでしょうか？　それに対する僕の意見は **「2回目で勝負を決めにいくべき」** です。

　2回目は早すぎない？　と思うかもしれませんが、まったくそんなことはありません。お互いにビビッと来ていたら、なんなら初回でも OK です。しかし4回5回と回数を重ねることだけはやってはいけません。

　中国の故事ことわざに **「巧遅は拙速に如かず」** とあるように、じっくり時間をかける

よりも、**スピーディーに物事を進めたほうがよい**。4回目のデートまで引っ張って成功するケースは、多くても10%以下でしょう。

2回目で勝負を決めようとしたとき……何かしらのトラブルや、勇気が出ないなどの要因で、決めきれないことがあります。けど、まだあと1回チャンスがある（3回目デート）。だから「2回目勝負」なのです。

本書は、初デートと2回目デートに分けて、それぞれの戦略をお伝えしていきます。

素敵な女性と出会えないのはなぜか？

男性受講生のみなさんに話を聞いていくと、多くが「そもそも日常にまったく出会いがない」「素敵な女性と出会えない」ということで悩んでいます。ここでは、そもそも出会いはどうやって生まれるのか？　をお話しします。

出会い = 認知数 × 見た目レベル

素敵な女性と出会うには…
①出会いの母数を増やす
×
②自分の見た目レベルを上げる　このかけ算で決まるよ

へー

認知数とは、あなたの存在を認識する人間の数です。毎日同じ人と会っている人は、認知数が圧倒的に少ない。マッチングアプリや街コンなどの出会いの場を利用すると、認知の数が大きく広がります。

しかしそれだけでは、恋愛に至る出会いにはなりません。

認知した後は、**見た目のレベルによるジャッジ**が入ります。ここでの見た目とは、顔面や身長も多少は関係しますが、**本質は「安定性」と「危険じゃないか？」の判断**です。

安定性は第1部でもお話しした、見た目からわかる健康度のこと。全部で5つの項目を磨いておけば問題ありません。こちらは44ページで後述します。

もう1つ、女性は男性と出会った瞬間に「この人は危険な人じゃないか？」を判断します。女性はどうしても男性に力では負けますし、生物的にも「急に女性に危害を加えようとする男性」が現れてしまうのです。そのための防衛本能が備わっています。

努力してるのにまったくモテない、マッチングアプリや街コンなどの出会いの場を利用しているのにまったく女性に相手にされない、という方は「危険な人判定」を受けている可能性があります。

実際にヤバい人ではなくとも、ヤバい人の特徴に当てはまってしまうと、一撃でNG判定を受けてしまうので注意が必要です。

女性が「絶対ムリ！」と思う男性の特徴

　女性は男性と出会った瞬間に、「この人は危険な人じゃないか？」を判断しています。

　自分の身を守るために、進化の過程で本能的に身につけた判断方法なので、かなり強力です。これからお伝えする特徴に1つでも当てはまった瞬間に、一発アウトなので注意してください。

◉1　ストーカー気質（執着心）

1つの物事（女性）に執着し、どこまでも追い回すスタイルです。

この間知り合った女性が「会社の先輩にストーカーされた」という話をしてくれました。仕事終わりに出待ちをされていて、連絡先を交換してほしいと言われたそう。そのとき「マジで怖かった」と言っていました。出待ちされて急に声をかけられる。この行為自体が危険認定されて一撃でアウトだったのです。

他にも例えば、何回もLINEを送ったりアプローチをしたり、返信がないのに「おーい」とスタンプを送ったり、そんなふうに追い回すのはやめましょう。**1人の女性に執着しない、追い回さない。これが恋愛の鉄則です。**

◉2　挙動不審

目が泳いでいる、動きが多く落ち着きがない、キョロキョロオドオドしている。人間はこういう人を見ると本能的に「なんか危なそう」と感じるようになっています。**しっかり目を見て、ゆっくりと落ち着いた動作を心がけましょう。**

また、今までしゃべったこともないのにいきなり連絡先を聞いたり、食事に誘うなどの「突発的なアクション」も挙動不審の認定を受けます。

◉3 声が聞こえない、早口

ボソボソしゃべっていて、隣にいても「えっ？」と聞き返さなくてはならない音量や早口でしゃべってしまうのもアウト。会話は、相手に届けるためのものです。**聞き手のことを一切考えていないコミュニケーションは「この人は何をしでかすかわからない」という恐怖感を与えます。**

早口でボソボソと目を合わせずに下を向いて話している人……を想像してみてほしいのですが、明らかにヤバそうですよね。ちゃんと声を張って、ゆっくり話すことを普段から意識しましょう。

◉ 4 見た目の大幅なエラー

口が臭い、体臭がきつい、フケ、やせすぎ、太りすぎ、歯がボロボロ、鼻毛が出ているなど……さすがに「一般的な身だしなみとしてありえない」ラインを越えてしまっていると、一撃でNGを食らってしまいます。**見た目を整えるという行為は、あなたのためではなく「今日会う人にいい気分になってもらうため」のものです。**そういった"内面"が、見た目からわかるのです。

僕の内面を好きになってくれる子がいいんだ！　と言って、見た目に無頓着な人は、そんな「自分のことしか考えていない内面」を見られて避けられているのです。

　以上、女性が絶対にムリと思う男性の特徴を4つ挙げました。まずはマイナスをゼロにするところからです。すると、だんだんと女性の反応が変わってきます。

1 ストーカー気質

2 挙動不審
ごごご
ご趣味は…

3 声が聞こえない
早口
ボソボソ…
ブツブツ…

------ 4 見た目の大幅なエラー ------

プ〜ン
口臭

体臭

フケ

やせすぎ、太りすぎ

歯が汚い

鼻毛が出ている

見た目の最低ラインを突破するBIG 5

加点よりも減点に気をつけるべし

女性がチェックする一次試験を藻手内くんは突破できそうかな？

僕は毎日お風呂に入って歯磨きもしているので大丈夫ですよ。標準体型ですし。

そう。女性に最初に見られるのは見た目。そこでフィルターをかけて、通過すればもっと詳しく男性を知ろうとしてくれます。スタートラインに立つには最低レベルをクリアしてください。

僕は最低レベルには達していると思いますが、なんでカノジョができないんでしょう。トホホ……。

それは女性の採点方法を知らないからです。女性は加点よりも減点をします。恋人関係になるまでは特に減点ばかりです。だからまず見た目でミスをしないことがカノジョを作るための第一歩です。
僕が提唱する外見必須項目「外見BIG 5」があります。この5つを中心に改善しましょう。

「外見BIG5」とは……

1：髪型
2：眉毛
3：ファッション
4：体型
5：肌

とにかく減点を食らわないこと!!

1：髪型［散髪はメンズ専門の美容室で！］

髪の毛は大切です。実は男性も女性の健康状態を髪で判断しています。女性の髪の毛がサラサラでツヤツヤだったら「いいな」、バサバサでボサボサだったら「あれ？」と思います。髪の毛はその人の体調、もっと言えば遺伝子の状態も表すので重要です。

男性が髪型で見た目の最低レベルを突破するのは簡単です。**「月1回の美容室」**と**「毎日のスタイリング（ヘアセット）」**だけ。

美容室は「メンズ専門」「カットで4000円以上」を基準に選んでください。お気に入りの美容師さんを見つけ、仲良くなれば、毎日の髪型のセットの仕方まで教えてくれます。信頼できる美容師さんと出会えたなら味方になってもらいましょう。

Point

- メンズ専門
- カットで4000円以上

2：眉毛［眉サロンでプロに整えてもらおう］

眉毛は、顔の印象を決める最重要ポイントです。 女性は、眉毛をすべて剃って（抜いて）毎朝自分で描き直す人もいるほど力を入れています。それほど重要な眉毛を男性だからといって手を抜いてはいけません。**「何も手入れしてない……」という方は、ヤバいことに気づいてください。**眉毛の手入れをしていないと、芋っぽい顔になってしまいます。

眉毛の改善は自分でやってはいけません。必ず専門の眉サロンに行って形を整えてもらってください。驚くほど垢抜けてカッコよくなります。その後は週に1〜2回自分で手入れします。必要な道具は「ハサミ（シェーバー）」「コーム（クシ）」「毛抜き（ピンセット）」のみ。コンビニでも揃います。整えてもらった眉毛の形を維持しましょう。

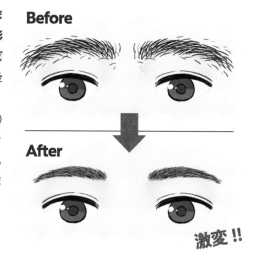

Before

After

激変‼

45

3:ファッション［柄物を着ると事故が起こる］

似合っていない服は女性からの減点対象になります。「サイズ感が合っていない」「配色がおかしい」など服選びには気をつける点がたくさんあります。

そもそもファッション（服装）は、なぜモテることに関係があるのでしょうか。

もともと人間は全裸に近い格好で暮らしていました。だから、人間はパッと見で相手の体格を判断することができました。この体格をごまかして、一番いい体格に見せることができるのが服装です。

また、もう1つは権力の証としてのファッションがあります。太古の昔、装飾品を身につけているということは、権力を持っているという証拠でもあったのです。女性から見れば、権力者の妻という立場は、食料も確保でき、自分も子孫も死なせることはありません。ファッションによっては遺伝子的な強さすら感じさせるのです。

ファッションは減点を食らわないことに尽きます。**ダサい、ヨレヨレ、汚れている、シワだらけの服では、一撃でアウトです**。

ポイントは「ジャストサイズ〜1サイズ上」「柄物は使わない」「色は白黒もしくはプラスもう1色」の3点。上下黒のセットアップ＋白Tシャツで問題なし。むしろ初心者が勘違いしてオシャレを目指すと事故が起きます。高い服やブランドものでなくていいのです。僕もデートや出会いの場では無難にまとめています。そこにブレスレット、指輪、イヤリング、ネックレスをつければOK。シルバーでシンプルなものを選びましょう。服装で個性を出したいなら付き合ってからにしましょう。

4：体型 [食事と運動に気を使おう]

　男性はみんなムキムキでマッチョな筋肉マンになれとはいいません。健康的なスタイルを維持しましょう。 対処法は「やせすぎなら、栄養を摂りトレーニングをする」「太りすぎなら、食生活を見直し運動をする」。シンプルにこれだけです。

　特にやってほしいのは「歩く」こと。人間の根幹は「徒歩」です。直立二足歩行のおかげで人間は世界中に活動範囲を広げ、多くの食料を獲り、競争に勝ってきました。 最低1日に5000歩。理想は8000～1万歩を歩いてください。歩数はスマホが勝手に記録してくれています。歩くだけで自然に健康的な体型になっていきます。

理想 1日1万歩が

5：肌 [洗顔と保湿だけには気を使おう]

　これからの男性にスキンケアは必須です。体内に栄養が足りていなかったり、病原菌にやられたりすると、真っ先に肌に表れます。寝不足のときなどによく「顔色悪いよ」と言われるように、体調が悪くなるとまず最初に肌に表れます。肌はダメージに弱い器官でもあるので優しく大事に扱う必要があります。

　ポイントは、「食事と睡眠」「保湿」です。ジャンクフードやバランスの悪い食事を避けるだけで大丈夫です。睡眠はたっぷりとってください。**洗顔後、お風呂上がりには化粧水で保湿しましょう。**また、洗顔料は刺激が強いものは避けましょう。女性ほど洗顔料、化粧水に凝らなくてもいいですが、それなりの品質のものは使いましょう。

保湿から始まる！

美肌は洗顔と

　以上が、見た目の最低ラインを突破するための「外見BIG5」です。「やってなかった……」ことがあれば、今すぐやりましょう。全部に手をつけても1週間もかからないはずです。さらに1カ月もあれば、すぐに最低ラインに到達できます。この「外見BIG5」を実行できない人は明らかにやる気がありません。勉強しているだけで行動しないのは、何もしてないのと同じですよ。

女性が「周りの目」を気にする理由

「安売りしてはいけない」という暗黙の結託

女性は周りの目や評価を気にします。特に付き合ったり、結婚するときに「周りはなんて言うかな」と女性自身は頭の中で考えています。これがなぜかわかりますか？

女性は見栄っ張りだからですか？

それも少しはあるかもしれませんが、正解は、男遊びをするビッチや軽い女と周囲に思われたくないからです。女性は女性コミュニティの中で村八分にされることを本能的に恐れているのです。

たしかに男にはそんな考えはあまりないですね。

なぜこんな考え方になるかというと、男性の精子と女性の卵子では１：30億の価値の格差が生じる、これは第１部でも解説しましたね。卵子のほうがとても価値が高いのです。**だから男女が付き合うときには女性側が、いい男＝遺伝的価値が高い男を選ぶことになります。**

はい。選ぶ権利は女性にあるんですよね。

そうです。そして、**自分の卵子をなるべく高く売りたい**と考えます。「**セックスさせるまでに男に労力やコストをかけさせる**」「**安売りしてはいけない**」という結託で卵子の価値を守るのが女性コミュニティの特徴です。

なるほど。まるで**卵子の協同組合**ですね。

女性の本能に眠る「ビッチ恐怖」

「安売りしてはいけない」という女性の協同組合の中で、ある1人の女性が「私はそんなことは気にしない。誰にでも簡単にやらせる！」となると、どうなるでしょうか。男たちは「あいつはそんなに簡単にやらせてくれるの？　ラッキー」とその女性に集まります。

つまり「協同組合の女性たちは、お高くとまってるよね。それなら、簡単にやらせてくれるあっちに行こう」と、オスが離れていくのです。すると他の協同組合の女性たちは自分の卵子の価値を下げなくてはいけません。これは女性にとっては重大な問題です。

大昔であれば、男漁りをするビッチの女性は、コミュニティでの重大なルール違反を犯したことになり、村八分にされていたでしょう。そうなったらその女性はもう生きていけません。

これを僕は「ビッチ恐怖」と勝手に名付けていますが、この掟破りの恐怖感は女性の本能に刻印されているのです。

しかしながら、現実的に女性は目の前に「この男はいい遺伝子持っているので欲しいな」となれば、男性に自ら歩み寄ることもあります。ただ、「周りにどう思われるか」が重要です。

例えば、会社でお高くとまっている高嶺の花の女性がいたとします。でも、彼女は裏で、マッチングアプリでいろんな男と付き合っていました。この場合も、彼女の中で矛盾はありません。問題になるのは「彼女がマッチングアプリで男と会いまくっていることが、周囲にバレていないか」だけなのです。

出会い方別特徴と攻略法 11 選

ランクが高いほど長続き率はアップ

見た目のレベルをある程度まで高めたら、認知数を増やしにいくことが大切！
出会い = 認知数 × 見た目レベルですからね（41 ページ）。
ここでは 11 の出会い方の特徴と注意点を解説します！

1：街コン

難易度★
認知数★★★★
誰でも数人〜10人程度の異性と話す機会があり、2時間程度で初対面のトーク
を数人と交わすことができます。1対1で話すものよりは、飲食店や大きめの
会場で複数人が1つのテーブルに座り、20分前後で男性が移動していくタイプ
がオススメです。

2：マッチングアプリ

難易度★★
認知数★★★★★★★
1人でも気軽にできて、時間や場所に縛られないのが特徴。ただし、写真はハ
イレベルのものを用意する必要があります。補習のマッチングアプリ攻略法
（58ページ）を参考に、最高の写真を用意しましょう！

3：相席屋

難易度★★★
認知数★★★
2対2で男女が同じテーブルに座り会話するスタイル。連絡先交換や、店の外

で飲む打診を、怖がらずにドンドンやっていく勇気が大事。アプリや街コンで女性とのトークに慣れてきたら、友人を誘って行ってみましょう。最近は1人で行ける相席屋もあります。

4：バー

難易度★★★
認知数★★★★
ナンパバーと言われる「男性が女性に声をかけることを公認してくれているバー」です。運営のお膳立てがなく、男性から声をかける必要があります。ある程度の見た目とトーク力、ノリのよさが揃ってきたら挑戦してみてください。

5：クラブ

難易度★★★★
認知数★★★★
身長と見た目と雰囲気の勝負。爆音の中で、少ない単語で会話するので、見た目やノンバーバル（非言語コミュニケーション）に自信がある人は挑戦してみましょう。

6：ナンパ

難易度★★★★
認知数★★★★★★★
路上で道ゆく女性に声をかけるもの。自分次第で認知は無限に増やせますが、多くの人に無視され断られることに耐えるメンタルが重要です。迷惑にならないよう、条例や法律には気をつけ、無視されても「ありがとう、気をつけてね！」と紳士的な態度を忘れないように。

7：SNS

難易度★★★★★
認知数★★★
SNSのフォロワーを伸ばして、女性にDMを送っていく方法。運用スキルや、コツコツ投稿しフォロワーを増やしていく作業はかなり根気が必要です。

8：紹介

難易度★★★★★
認知数★
友人の紹介で出会った場合には、お互いを信頼している状態から始まるので成功確率は高いです。しかし、非モテ行動をしてしまったら友人の信用まで傷がつき、二度と紹介されなくなります。友人関係やコミュニティで勝負するのは、女性慣れしてからにしましょう。

9：合コン

難易度★★★★★
認知数★★
合コンは「役割分担」がポイント。司会者役、ボケ役、ツッコミ役、色気役（早い段階で誰かといい感じの雰囲気になる）など適材適所のメンバーが揃えば成功率が高まります。男性同士の連携がポイントです。

10：趣味・習い事・サークル

難易度★★★★★
認知数★★
同じコミュニティ内の注意点は、全女性が情報共有していること。「最近〇〇くんとLINEしてる」「ご飯誘われて来週行くんだ」という情報は、すべての女性が知っていると思ってください。つまり1つのコミュニティでアプローチ

していいのは1人までです。

11：職場

難易度★★★★★★★★
認知数★★
失敗した際のリスクが最も高く、セクハラ認定、窓際に追いやられる……など人生に影響を与える可能性があります。職場は「女性からの脈ありサインが来たとき」だけです。待ちの姿勢で、仕事中は一生懸命働いて成果を上げることに集中しましょう。

「今までまったくモテず、女性と何を話せばいいかわからない」という方でも、10〜15人の女性とデートに行けば、成功するようになってきます。慣れもあるし、会話やエスコートのスキルも上がってくるからです。スポーツや楽器、勉強と一緒で、人間が何かを上達させる方法は「反復練習」です。

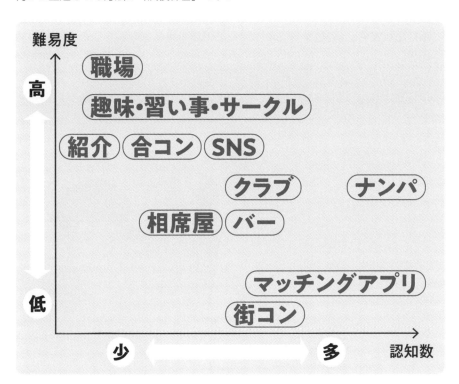

出会いにおけるリスクを考える

いきなり本命に対して行動を起こさない

　女性にアプローチするときに大事な考え方、それは「最初から本命に対して行動を起こさない」です。

　みなさんは、会社や知り合いのグループの中で「この子カワイイし、いいな。付き合いたいな」と思う女性がいると思います。今はいなくてもいつか出てきます。

　そんなときでも、いきなり彼女を本命扱いして行動を起こしてはいけません。なぜならうまくいかないからです。

　みなさんはこれまで女心をたくさん学んできました。しかし、みなさんはまだ「知っているだけ」なのです。「知っている」と「行動できる」は違います。女心を理解したアクションを、みなさんはできますか？　きっとまだですよね。私がみなさんに、女性を魅了したり、ドキドキさせたりするための技術を伝えるのは、次の〈その2　初デート〉からです。まだ本命に対してアクションを起こしてはいけません。

　繰り返します。「最初から本命に対して行動を起こさない」ことを約束してください。

　どんなことでもいきなりできる人間はいません。

　いろいろな出会いの場で教わったことを試す。もしくは勝てる場所を見つけて何度も練習する。そのようなことを繰り返すと、スキルが身につき、物事を有利に進められるようになります。

　スキルレベルを上げ「こういう行動をすれば、女性を魅了できる」「好かれるためにはこういう方法がある」「理解できた。ジュンさんありがとうございます」というときが来たら、「この子だ」と思う本命に行動を起こしてください。

　そこまで行けば、いつも通りやるだけです。「いつも通りやるだけ」ですから、どんな本命が来てももう余裕です。くれぐれも順番を守ってください。

本命女性

玉砕覚悟（ぎょくさい）

自分
覚悟はできてます！

＼やめとけ／

いきなり職場の人にアタックしない

会社やサークル、友人の知り合いなどリアルなコミュニティの女性に告白するのは、失敗したときのリスクが大きすぎます。特に職場内で同僚女性に告白し、もしフラれたら、その場であなたがモテる未来がなくなります。

なぜならそのコミュニティの女性陣たちには「この男はあの女性に『ナシ』という烙印を押された」という共通認識があるからです。

そうなってしまうと厳しいです。女性は自分自身がどう思われるかも重要ですが「男性が周りからどう思われているか」も気にします。ある男性の価値は、周りの女性がどう評価しているかが指標です。だから、男性が告白してノーと言われると、そのコミュニティの他の女性からの評価も下がってしまいます。かなりのリスクです。

また、現代では、職場で告白するとセクハラと言われる可能性があります。恋愛でミスをしたばかりに、仕事まで失ってしまう。女性にフラれたことで、人生設計が狂ってしまうかもしれません。いきなり勝負をかけるのは危険です。

だから、職場の人にいきなりアタックしてはいけません。まずは利害関係者がいない低リスクな場で練習することが重要です。**マッチングアプリ、街コン、合コンなどではミスしたところで誰も困りません。また明日別の女性とデートに出かけてもいいんです。**

初心者のころは、ミスしてもいい、低リスクの出会いの場を試してください。「このくらいのリスクならいけるな」とさまざまな判断ができるようになり、リスクとリターンが合致するときに勝負をかけましょう。

職場でフラれるとリスク大

…らしいわよ〜

恋愛は確率のゲームである

1人の女性に固執するのは無謀なギャンブル！

恋愛は努力によって、成功確率を高めることができます。しかし、追求しても100％にはなりません。**狙った女性を100％落とせる方法は存在しない**のです。なぜなら女性側の環境、タイミングなど、われわれ男性側にはどうしようもない要因が絡んでいるからです。

では、恋愛を攻略するにはどうすればいいのでしょう？　「確率の収束」に勝因がありそうです。何度もトライすれば、一定数の成功と失敗が生まれ、確率通りの数字になります。この成功確率を限界まで引き上げる方法を僕は知っています。

ただし最大限で7割から8割の成功率です。「では残りの3割はなんですか？　ジュンさんでも落とせない女性がいるんですか」と聞かれますが、その通り、ありえます。

恋愛が確率ゲームだとすると「狙った女性を絶対に落としてやる」「この女性を失ったら僕は終わり」という**「1人の女性への固執」は、パチンコ、競馬と同じような無謀なギャンブル**です。

その確率ゲームでわれわれにできるのは「目の前の数字を積み上げる」こと。出会いを増やし、着実に確率を収束させ、確率を高めていきましょう。一定の失敗は起こるのでまったく気にしなくていいのです。

典型的な負けパターンは「一発勝負のギャンブル」です。宝くじコーナーに並ぶ大衆と同じく、努力なしにワンチャンを狙うのがギャンブルです。**努力をせずに結果をつかもうとする人ほどギャンブルに走りやすいので、注意したほうがいいですね。**

ギャンブルに走るな‼　　全財産 Bet！

「回数」を増やすことで必ず「当たり」は出る

　ギャンブルの話を長々としましたが、恋愛や仕事で結果を出せる人間は真逆の行動をとります。成果を出すために堅実で適切な努力を重ね、確率を収束させることができるのです。だから、経営者や仕事で成功している人ほど「知識」「スキルアップ」「挑戦回数の確保」に、お金、時間、労力を投下します。そして目の前の数字を積み上げることができるのです。

　恋愛で結果を出すための具体的な行動とは、出会いの回数を増やすことが着実です。
　例えば、今あなたが気になってる女性は、たまたま近くにいるだけじゃないですか？ちょっと優しくされたり、ボディータッチされたりで好きになっていないですか？　趣味が合うか、考え方や価値観は合うか、将来の考え方、ライフスタイルは合うか？　本当に考えてみましたか？
　そこに自信が持てないのは選択肢が少ないからです。普通の人が恋愛関係になる可能性のある女性をリストアップしても、ほとんどいないと思います。そんな少ない選択肢で勝負をしてもうまくいきません。恋愛が確率のゲームなら、出会いの母数をまずは増やしましょう。回数を増やすことで当たりが出る確率も上げることができます。

　例えば、**3人ぐらいの女性と恋仲の一歩手前まで行って、そこから、どの子と付き合ったら一番楽しそうで、幸せになれるかを考えたらいいと思います。内定をもらった選択肢の中からベストを選ぶ。それが恋愛の勝ち方です。**「恋愛は確率のゲーム」ということを絶対忘れないでください。

補習

マッチングアプリ 攻略法

まずは攻略の基本ルールを知ろう

会うまでの流れは6段階

20代〜40代の利用率は人口の半数を超えていると言われるほど、マッチングアプリは令和における必須の出会いツールになりました。藻手内くんはマッチングアプリ使ったことある？

もちろんありますよ。でも、全然うまくいかなくて。

マッチングアプリは、露骨に実力の差が表れますからね……。

ぐさっ…。攻略テクニック教えてくださいよ。

テクニック以前に、何より大事なのは**ルールの理解と「下準備」**なんです。**これができていないと100人にいいねを送っても1人もマッチングしませんよ。**まずは、次ページの図を頭に入れて、出会うまでの構造を知ってください。

「下準備」してから「認知」を広げるのがポイント

　マッチングアプリ内で相手に自分の存在を知ってもらう「認知」から、実際に会うまでの流れを説明します。

①**認知**：相手のプロフィールを見たときにつく「足跡」や「いいね」を送ることで相手に自分の存在を知らせます。**存在を認知されることがマッチングアプリでのスタートです。**

②**写真**：認知されたとき、女性から初めて見られるのは写真です。**写真で気に入られなければここで終了です。**なので写真の重要度は高いのです。

③**プロフィール**：写真がOKであれば、次にプロフィールを読んでもらえます。**写真、プロフィールがOKだとマッチングに進むことができます。**

④**メッセージ**：ほとんどのアプリでは、マッチングしたらメッセージのやりとりができます。ここで会うために必要な情報を交換し、デートの提案をします。

⑤**約束**：デートの日程をやりとりしても「ひと安心」ではありません。心変わりやドタキャンもありえます。

⑥**会う**：キャンセルを乗り越え、女性と会うことができたらマッチングアプリを攻略できた証です。

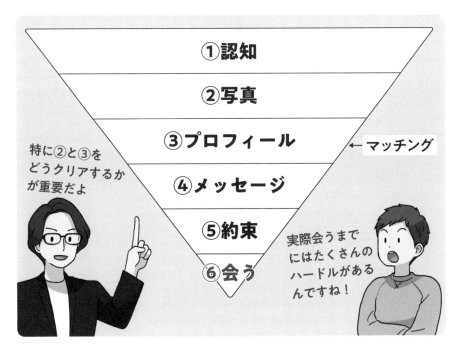

特に②と③をどうクリアするかが重要だよ

①認知
②写真
③プロフィール　← マッチング
④メッセージ
⑤約束
⑥会う

実際会うまでにはたくさんのハードルがあるんですね！

　マッチングアプリは「出会いの練習」として有効です。だから、いかに攻略し、使いこなすかが、恋愛の幅や付き合える女性のレベルを大きく左右します。
　ポイントは、**「写真」「プロフィール」**という認知後の重要なファクターをまず下準備**すること**。では次ページから下準備について解説していきます。

写真は「メイン」「サブ」「趣味」で構成

メイン写真&サブ写真で8割決まる

　マッチングアプリにおける写真は「プロフィールが読まれるか読まれないか？」を決める重要なポイントです。適当な自撮りや拾い画像を使う方がいますが、絶対にNGです。**人生で最高の1枚をキメて、載せるべきです。**

　基本は**「メイン写真」「サブ写真」「趣味写真」**で構成します。

> **★メイン写真**：マッチングアプリで一番最初に表示される写真です。一番カッコよく、あなたのよさが伝わるものを1枚のみ使用しましょう。
>
> **★サブ写真**　：あなたの雰囲気が伝わる写真をメイン写真とは違う構図で撮ってもらいましょう。これも基本1枚で進めます。
>
> **★趣味写真**　：女性との共通点を作り、あなたを魅力的に見せるための写真。デートに行きたくなるような画像がオススメです。あなた自身が写っている必要はありません。枚数は1枚から3枚ほどです。

　参考までに、僕の使用写真の布陣を右ページに載せておきます。

　メイン写真とサブ写真は何よりも重要で、マッチングアプリの8割はこの写真で決まるといって過言ではありません。この2枚のクオリティで勝負が決まります。

　「写真が微妙だけどプロフィールの文章を頑張ろう」はまったくダメです。マッチングアプリの基本である写真の重要さをまったくわかっていません。

　あなた自身が写っている写真は一番情報量が多いんです。あなたの雰囲気や人となりを伝えるためにも写真が重要です。

　僕の場合、メインは優しく柔らかい雰囲気を目指しています。そのため、オシャレで映えるカフェを使っています。サブ写真には全身を写し込んで、メイン写真では表現できなかった遊び感をプラスしています。ただ優しいだけでなく、男っぽさ、女性慣れ感というのが伝われば成功です。

　趣味写真には、海外旅行、カフェ、アフタヌーンティー風を使いました。これは、ワンランク上のデートを印象づけることを意図しています。

←メイン写真

雰囲気を出すカフェをバックに設定することで、人物にも上品さと知的さが出ることを狙いました。ぶすっとした表情やキメすぎた無表情は一般ウケしません

←サブ写真

メイン写真と写り方を変えるようにするのがコツ。今回は引きにしています。僕は、遊び感を出すための背景も考えています。背景や服装、髪型なども次ページで解説したので読んでください

↑趣味写真

僕は上の3枚を趣味写真にしていますが、アイドル、パチンコ、ゲームなんかを押し出すのはNG。オシャレな雰囲気で女性を勘違いさせるぐらいを目指してください

マッチング率爆上がりの写真法則

　前項では、マッチングアプリの成功はメイン写真＆サブの写真で8割決まると断言しました。

　あなたが写るメイン＆サブの2枚の写真には、絶対に守ってほしいルールが4つあります。**この4つを満たす写真を使えば、マッチング率が爆上がりします**。これがみなさんに知ってほしいマッチングアプリの基礎のルールです。

> **ルール1：髪型のセット**
> **ルール2：服装の季節感**
> **ルール3：他の人に撮ってもらう**
> **ルール4：生活感のない写真を使う**

　この4つをぜひ守ってください。1つずつ解説していきます。

ルール1：髪型のセット

　メイン＆サブの2枚の写真はあなたの瞬間最大風速を出せる機会だと思ってください。みなさんの一番カッコイイ、イケてる姿を見せましょう。それには、髪型のセットがマストです。**やってない人が多すぎるので、差をつけることもできます。**

　女性は男性の生まれ持った顔の作りだけでなく、後天的な努力も認めます。**それは「オスの後天的改善能力」もチェックしているのです**。改善能力がわかりやすいのが髪型なのです。普段からセットする習慣を持つのもいいですし、美容室で整えてもらってからアプリ用に撮影するのもGOODです。

ルール2：服装の季節感

　アプリ用写真で気をつけてほしいのが服装の季節感です。季節が夏のときに、コートにマフラーみたいなかっこうの写真だと暑苦しいですよね。**重要なのは「この人とデートに行ったらどんな感じかな」「付き合ったらどんないいことがあるかな」を想像させること。**

　実際の季節と合っていないとイメージが思い浮かばないんです。暑い時期にクリスマスデートや冬の夜のイルミネーションデートが想像しづらいのと一緒です。

　見落としがちな写真のルールの1つ「季節感」を覚えてください。**簡単です。夏に厚**

着、冬に半袖やTシャツ1枚などの写真を使わないようにしましょう。

ルール3：他の人に撮ってもらう

　3つ目のルールは「写真を他人に撮ってもらう」こと。**自撮りはナルシスト感が出る上に、友達がいなさそうと思われます**。リアルの友達がいない感じは、コミュニケーション能力が低い人と思われて男性としての魅力のなさにつながります。

　写真を他人に撮ってもらう際、一眼レフで撮るとキメすぎになります。スマホ写真が上手な友達やマッチングアプリ専門のカメラマンに頼むのもいいです。Xで「アプリ専門カメラマン」を探してください。正面から撮ると野暮ったいので、僕の場合は右斜めから撮ってもらっています。カメラマンが斜め向かいの席にいる感じ（正対から斜め30度くらい）にすると、それっぽくなります。

オシャレなカフェ

ルール4：生活感のない写真を使う

　背景に生活感が漂った写真は、一気に印象が安っぽくなります。汚い自宅、安い居酒屋、チェーンのカフェ、ファミレスなどはやめておきましょう。背景の印象をその人の印象に加えてしまうことをハロー効果といいますが、生活感のある背景はあなたの印象を安っぽくします。仕事ができる印象を与えたいのであれば、ホテルのラウンジ。明るい雰囲気なら、公園や屋上といった緑、空をバックにして。優しい雰囲気を与えたいのであれば、オシャレなカフェ。活発さなら、フェンスやコンクリ壁を写し込むと、女性がイメージしやすくなります。

安居酒屋

メイン写真の決め手は【彼氏感】

「ちょっとオシャレな場所」を意識せよ

メイン写真の基本は、バストアップ（上半身のみ）です。バストアップとはいわゆる頭の上からみぞおちの下あたりまでが写っているものですね。

メイン写真で一番重要視してほしいキーワードは「彼氏感」です。「この人と付き合ってデート、食事、カフェに行ったら、こんな感じ」を想像させる写真がいいんです。なぜなら女性に「一歩先を想像させる」のに効果的だからです。

人間の脳の性質として、想像したことは現実にしやすいというのがあります。反対に想像できていないことは、わからないという不安や恐怖で行動につながりにくいのです。だから「想像させる」のは非常に重要です。

それでは、デートを想像させる写真を目指すにはどうすればいいのでしょう。デートに使えそうなレストランやカフェなどで楽しく話している写真、オシャレな食べ物、やや高級そうな雰囲気のお店などに自分が写っているのがいいですね。例えば以下のような感じです。

▲左が冬用の写真です。全体的な色味も明るく、イルミネーションデートを想像させることを意識しています。右は半袖を着用した夏用ですね。爽やかさを演出しました。女性に人気のホテルのラウンジで撮っています

サブ写真の決め手は【ロケーション（場所）】

　サブは引きの写真にして、全身の雰囲気が伝わるような1枚にしましょう。写真を引きで撮ると、あなたのスタイルやファッションが一目瞭然になります。**パッと写真を見たときに、「オシャレ」「カッコイイ」「スタイルいい」という第一印象になるように「雰囲気イケメン写真」を撮るように心がけましょう。**

　ポイントはずばり「ロケーション（場所）」です。撮影する場所は、デートで使えそうなオシャレな雰囲気のお店が基本です。ハロー効果でその空間をあなたのイメージと錯覚させることができます。

　例えば、下の左側の写真です。基本的に明るい色で統一しています。差し色には、寒色系を使ったので、信頼につながるような配色になっています。それゆえ、爽やか、いい人という印象を与えることができます。

　もう1枚の参考は右側の写真です。大阪の某ラグジュアリーホテルで撮りました。これらは無料で入れる場所ですが、白黒で統一し、革靴にベストを着ています。これによりホテルのブランドイメージが自分の印象のようになります。「仕事ができそう」「大人っぽい」という印象を与えることができます。

　自分が与えたい印象を逆算し、写真を撮る場所を選べるようになれば上級者です。

▲左は無機質な背景に、シャツと窓の青で爽やかさを出しています。右はラグジュアリーホテルの背景を借りて大人っぽさを出しています。いずれも全身を入れ込むのが基本です

趣味写真の決め手は【共通点×憧れ】

自分の趣味を見せびらかす場ではない

趣味写真のポイントは「共通点×憧れ」です。

「共通点」とは、「私もこれが好き」とか「私も一緒」と共感する気持ちです。人は共通点があるとその相手のことを信頼する性質があります。だから、ガチの自分の趣味ではなく、女性と共通点になりそうな趣味や「私もここ知ってる」「ここに行ったことある」「私もこういうの好き」と女性に思ってもらえるような写真を載せましょう。

もう1つは「憧れ」です。「私もこういうことしてみたいな」「この人と付き合ったら私もこんな体験できるのかも」「この人すごい!!」と女性に憧れてもらいましょう。趣味写真は、女性の共通点と憧れを刺激するものが正解です。

忘れてはいけないのは、マッチングアプリの趣味写真やプロフィール欄は、あなたのありのままを出す場所じゃないということ。自分の趣味を女性に押し付ける場所でもありません。共通点、憧れというキーワードの通り、女性に合わせるんです。

なにもプロフィールに嘘を書けというのではありません。あなたのいろんな趣味、興味、関心のある出来事の中で、女性にウケがよさそうなものや共通点となりそうなものだけを載せることにしましょう。その趣味の選択がポイントになります。

マッチングアプリを開き、女性のプロフィールと設定した写真を見れば共通点を理解できると思います。「女の子の生態とはこんな感じ」とわかってきます。それに近い趣味写真を自分でもアップしましょう。

そして面白いことに実は**「共通点と憧れの答えは一緒」**なんです。例えばある女の子が旅行先の写真を載せていました。すると、その子は旅行好きですね。その子をターゲットにするために自分も旅行の写真を載せます。その女の子が行ったことのある場所なら共通点。行ってみたいと思っていた場所なら憧れになります。

憧れは、共通点の上位互換です。旅行やカフェ巡り、映画鑑賞、アニメ鑑賞などいろいろ趣味はありますが、その中であなたが他者に勝つほど詳しく、上位を取れそうな趣味。これは尊敬を勝ち取り、憧れにできるポジションです。

趣味写真の基本は女性と共通点になりやすそうなもの。さらにその中で自分のレベルが高いものを選ぶと、より「憧れ」を出しやすくなります。

女性にウケる趣味の王道パターン

女性にウケる趣味の王道パターンは決まっています。

> その1　オシャレなカフェ
> その2　美味しそうなご飯とお酒
> その3　旅行先

　この辺が女性と共通点を作るためにむちゃくちゃ使えるツールです。これらの写真の
クオリティを上げていくのが、趣味写真を充実させる一番の近道です。インスタ映えで
もいいですし、女性が「いいな。私もここ行ってみたいな」「こんなオシャレなところ、
どこなんだろう」と思う写真をどんどん使っていきましょう。
　逆に女性ウケの悪そうなものはあえて「載せない」選択をします。例えば、釣り・車・
バイク・プロレス・筋トレ・ギャンブル・ゲーム・アイドル・アニメなどなど……。
　その趣味が悪いわけではないですが、女性にはウケない趣味があることを知っておき
ましょう。ゲーム、アイドル、アニメぐらいなら、その方面に詳しい女性を狙う手段と
してありですが、僕ならプロフィールに載せるという選択はしません。

実際好きでも「載せない」という選択を！

鉄道　プロレス　ギャンブル　アイドル

女性と話が
広がりそうな
趣味でいこう

う〜

プロフィール文は4パートで構成

マッチングアプリで写真と共に大きなアピールポイントを占めるのがプロフィールです。

ここではプロフィールの本文で書くことを教えます。必要なのはたったの4つです。

1：仕事
2：趣味
3：マッチングアプリを始めた理由
4：行動喚起

プロフィールに書くのは4つだよ

それぞれを解説していきます。

1：仕事

社会人ならみんな働いていますよね。最初は仕事について書きましょう。「職業は〇〇です」でもいいですが、仕事が「楽しいです」「やりがいを感じています」「面白いです」「一生懸命、取り組んでます」とアピールすれば、より将来性や日常の充実が伝わります。

年収、肩書き、会社名の自慢は書くな！

ブー

絶対やっちゃダメなのが「年収」「肩書き」「会社名」のアピールです。それ以上にダメなのは「やりがいがなくダラダラ適当に仕事だけこなしている」というスタンス。マッチングアプリのプロフィールとして正しい例文は以下です。

- スタートアップのIT系企業で、商品企画を担当しています。自分の考えた企画や商品が世の中に出るのはめちゃくちゃ楽しい！　最近は、スキンケアブランドを立ち上げたり、飲食情報メディアを製作したりしています。

- 食品を扱う企業で営業やってます！コミュニケーションが好きで、お客様に喜んでもらえたりいい提案ができたときは最高に嬉しいです。

このように「仕事が楽しそう」「理想を掲げて、一生懸命仕事している」という印象を与えましょう。現代の仕事は、原始時代では食料の獲得にあたります。**女性は「このオスは、自分や生まれてくる子どもを養える能力があるのか？」を本能的に判断している**ので、ポジティブな印象を与えて損をすることはありません。

2：趣味

プロフィールの趣味については、趣味写真で解説したのと同様に「共通点」と「憧れ」を押さえましょう。「共通点」と「憧れ」はとても役に立ちます。**女性に「私とこの人は仲良くなれそう」「デートはこんなふうにできそう」と感じさせることができるからです。** 例えば以下のような趣味はプロフィールにいいと思います。

> ・コーヒーが好きで休日はおしゃれなカフェ巡りをしています。
> ・美味しいご飯、お酒が好きで、休日は友達とグルメのお店を巡っています。
> ・旅行好きで、3カ月に1回ぐらい友達と一緒に旅行に行きます。
> ・ドラマ、映画が好きで、休日は映画館や Amazon Prime で面白い映画を探しています。

基本的に趣味は女性に寄り添ったもの、女性ウケがよさそうなものをピックアップします。 逆に女性ウケの悪そうな趣味は書かない、言わないことにします。釣り・車・バイク・筋トレ・ギャンブル・ゲーム・アイドル・アニメ、これらは、その趣味が悪いのではなく、女性ウケはよくないからプロフィールには書かない選択をしてください。

僕にもそういう趣味があります。筋トレが好きで、YouTube でラップバトルをよく観ます。ただ「筋トレ好きです」「ラップバトル好きです」といっても、別に女性ウケはよくないんです。だからいらない、マッチングアプリのプロフィールには必要ないです。

だから、それをピックアップするよりは「カフェ巡り」「美味しいご飯とお酒」「旅行」「音楽」なんかがいいわけです。女性が「私も」「この人なら楽しそう」「共通点が多そう」「いいところを知ってそう」と思い込みます。

3：マッチングアプリを始めた理由

始めた理由は意外に大事です。多くの人が「出会いがなくて始めました」と書きますが、これはNG。**「出会いがないから」という自己紹介は「僕は周りに女性がいない非モテです」と言ってるようなものです。** そのような男性からアプローチをもらっても、女性からしたら「そんな男の遺伝子はいらないです」「やめときます」となります。だ

から「出会いがないわけではない」というスタンスをとります。

例えば「職場では仕事に集中したい」や「普段出会えない方と知り合いたい」と書くといいですね。「出会いはあるけど、あえて僕はマッチングアプリをしている」というふうに見えます。

4：行動喚起

プロフィールのポイントですが、最後に「今後のアクションを促す一文」を書いておきましょう。**これは、コピーライティングや広告業界では「Call to Action」と言われるもので「行動を指示すると人間はその通りの行動を起こしやすくなる」という単純な原理に基づいています。実は、めちゃくちゃ大事です。**

難しいことではありません。**例えば「少しでも気になったらメッセージでお話をしましょう」「まずは気軽にお茶でも行きましょう」でいいんです。**女性が次にやるべきアクションを提示してあげましょう。

さらに行動喚起の利点としては、「一緒にカフェ巡りをしましょう」「気軽に飲み行きましょう」「お茶に行きましょう」と誘うようなひと言を書くと「会う前提」でマッチするので、その後のデート確定確率が高まります。

ぜひとも、行動喚起の一文をプロフィールの最後に書いてみてください。

プロフィールにおける3つの注意点

プロフィールを作るときに注意すべき点が3つあります。

・文字数は 200 〜 400 字以内で

女性のもとには、信じられないほど多くの男性からいいねが届いています。ですので、長文はまず読まれません。理想は 200 〜 400 文字。400 文字を超えると、ひと目見ただけで女性は離脱します。

・改行は多めに入れる

こまめに改行を入れて、とことん読みやすさにこだわりましょう。文字で埋め尽くされていると、読むのも一苦労です。

・感謝しない、謝らない

「プロフィールをご覧いただきありがとうございます！」

「長文駄文すいません」

「読んでくれてありがとうございました」

など、へりくだるような表現は、女性から見て加点にはなりません。

女性の本能は「オスとしての強さ」を見極めようとしています。余計な謙遜はせずに、堂々と自分をアピールするほうがいいです。

【プロフィール例】🖎**全体 400 字以内で**

梅田付近に住んでいます！

- -

【仕事】🖎**仕事への前向きさを出して**

　スタートアップの IT 系企業で、マーケティングや商品企画を担当しています。自分の考えた企画や商品が世の中に出るのはめちゃくちゃ楽しい！
　最近は、スキンケアブランドを立ち上げたり、飲食情報メディアを製作中。

- -

【趣味】🖎**あくまで女子ウケを考慮して**

▶**カラオケ**
とにかく歌うのが好きです。家でも風呂でも職場でも歌ってます。髭男^{ヒゲダン}から、ボカロまで幅広く。
▶**お酒**
ビール、ハイボール、日本酒、カクテル…あたりが好きです。家でも作って飲んだりします。お酒好きは親譲り。
▶**音楽**
ギターとキーボードが部屋で眠っています。
▶**温泉 & サウナ**
週に 2 回は！

　他にも、食べ歩きや、読書など、割と多趣味です。なんでも興味あるので、好きなことを聞かせてください！
　歌いながらドライブして、温泉行って、お酒飲んで…みたいなデートは幸せですね。

- -

　最近までは仕事漬けの日々でしたが、徐々に時間も出来てきたので、素敵な方と出会えたらと思っています。🖎**マッチングアプリを始めた理由を**

- -

　まずは、気軽にお茶でも行きましょう！🖎**最後に行動喚起を**

71

会う約束は３日以内に！

メッセージは「会う約束のため」だけに使う

　アプリでマッチングしたら、女性にメッセージを送ることができます。でも「どんなメッセージを送ればいいかわからない…」という方も多いでしょう。実はメッセージはシンプルで問題ないのです。なぜなら、マッチした段階で女性はあなたに魅力を感じているからです！

　最低ラインを越えなければ、マッチすることはありません。だから、マッチした段階で「ほぼ、やるべきことは終わっている」のです。**では、メッセージで何をするのか？それは「会う約束をする」。それ以上でもそれ以下でもありません。**

　メッセージの基本は「短文」「即レス」、文章は短く、早く返す。目標ですが、**マッチングしてから３日以内にデートの約束を決めてください。遅くとも３日です。**１日、２日と早い分にはまったく問題はありません。それぐらいのスピード感でやりましょうねということです。

　多くの人が勘違いしてるんですが「メッセージで仲良くならなきゃいけない」「メッセージでいいなと思わせないと」と考えていませんか。そんなことはないんです。

　女性のもとには日々数多くのいいねが届きます。その中でマッチングした時点で、その他大勢の男から一歩抜きんでています。「メッセージのやりとりをしてもいい」「会うのはあり」というラインにすでに立ってるんです。

　だから、メッセージで「自分の魅力を伝える」「話を盛り上げる」「信頼を高めていく」という作業は必要ありません。

もうこの通りにやってください

　それでは、マッチング後の流れの見本を見せます。最初はこの通りにやってみてください。

〈マッチング後の初メッセージ文例〉
ジュン「はじめまして！ジュンです。よろしくお願いします！」
相手の女性「よろしくお願いします」
ジュン「趣味の■■（趣味名）が一緒でいいねしてしまいました！ご飯行くならどの辺が多いですか？　○○（地名）とか？」

女性「○○（地名）が多いです！」

ジュン「そこだったら僕もよく行きます。気になっているので、タイミングが合えばお茶でも行きましょう」

女性「はい！ぜひ一緒に行きましょう」

この後は「何日と何日が空いてるんですけど予定どうですか？」と、日程調整してください。**1週間以内で、2日ほど提示して返事を待ちましょう。** 2週間後まで遅くなると、あなたの存在も忘れられ、次のライバルがどんどん入ってきます。日程は、早く決めるのが鉄則です。

　最初のメッセージのやりとりでは、この必要最低限を即レスで返すことが重要です。 マッチングアプリを開くたびに女性には次々いいねが届きます。だから、長々とメッセージのやりとりをしているとライバルがどんどん増えるんです。だからやりとりで親密度を上げるより、早く会う約束が大事。**ライバルが参入する前に会う。この段階では早くレスポンスし、デートの約束を決めるのが一番の近道なんです。**

　返信は、その女性に合わせて考えるんじゃなくて、機械的にポンポンと送って問題ありません。辞書登録をして、同じテンプレートで、サクサク返せるようにします。**「とにかく早くアポイントメントを取る」**というのが、メッセージ運用において非常に重要です。

メッセージのポイントは4つ！

なるほど！

・会う約束のためだけ！
・短文、即レス！
・長々とやりとりしない
・同じテンプレでOK

マッチング率20%を目指そう

デートまで行けるのは月間4人が限界

　メッセージのテンプレートは理解できましたか？　ではここからいよいよマッチングを目指していきます。そのとき、目標にしてほしい数字が「マッチング率20%」です。イメージとしては**100人にいいねを送り、マッチング率20%であれば、20人とマッチします。さらに、そのうちデートまでの接続率が20%と仮定し、4人とデートに行くことができます。この「20%」を目標にしてください。**

　一般的なマッチングアプリである「Pairs」や「with」では、月間で100いいねぐらいを相手に送れます。すると、この計算では、月間4人ぐらいとデートできるはずです。

　マッチングアプリは、多くの男性から女性が選んでいるので、マッチング率を上げることは難しいです。20%でOKと思ってください。頑張ったらマッチ率30%〜40%は可能ですが、プロである僕でも40%はヤバいと思うほどの外れ値です。みなさんは20%が残せれば「十分」と判断してください。

　マッチングアプリをやる上で大事なのは、1人1人に執着せずに、確率的に、統計的に運用していくことです。

　「急に返信が来なくなった…」「何かイヤなことでも言ったかな」と重く考えるのはNG。女性側が、忙しくてアプリを開いてなかった。メッセージが埋もれて返信を忘れていた。先に会った人といい感じになった。……など、こちらからはどうしようもない理由で離脱が起こることも多々あります。

　しっかり母数を確保して、数字で判断することで、改善ポイントを洗い出すことができます。

各段階で打率2割を目指せ

「いいね」を送る

100人

成功率
20%

マッチング

20人

成功率
20%

4人

デート

Hit

2割バッターに
なれれば
1軍だぞ！

狙うべき女性はずばり３パターン

ライバルが少なめの意外なターゲット

　最後に、どんな女性を狙うべきかというターゲット選定も書いておきます。ここを工夫すると、ライバルが少なく、カワイくて、性格がいい、スレてない女性と出会える率が上がります。狙うべき女性は全部で３種類です。

> **その１：新規会員**
> **その２：オンライン中もしくはログイン24時間以内**
> **その３：顔写真なし**

　それぞれを解説します。**１の新規会員は登録したてで、やる気が高い。また、多くの男性と会っていないはずなので、スレてなくて性格がいい女性が多いです。**

　２のオンライン中、もしくはログイン24時間以内はアクティブな女性ですね。今マッチングアプリを「やろう」という気持ちになっている女性だと予想できます。マッチングアプリの女性ユーザーには、たまたま１日だけアプリを覗いて、その後は３日間〜１週間ぐらい、アプリを見ないという人もいます。だから、アクティブな女性に対してアプローチするのは重要です。

　３は、顔写真なしです。みんな顔写真なしの女性を避けがちですが、僕は「けっこういいよ」とオススメしています。大多数の男性が狙わないので、空いていて、ブルーオーシャンです。顔がカワイすぎて、そこだけ注目されるがゆえに出したくない女性もいます。掘り出し物とも言えますが、戦略としては間違ってはいません。

いいね数が多い女性を狙ってはいけない

　狙ってはいけない女性にも触れておきましょう。それは、いいね数が多い人気の女性です。もちろん写真を見るとカワイイ女性であることが多いです。**でも、いいね数が多いということは、マッチングアプリを長期間やっているということです。つまり、ハイスペやイケメンなど多くの男性に会っている上**

に、まだ付き合ってないんです。これは、**何か問題がある可能性が高いと考えられます。**「錯覚資産」という言葉のように「いいね数が多いからいい女性に違いない」と男性は勘違いするかもしれません。ぶっちゃけそれはありません。いいね数の少ない新規会員のほうがいい女性、長く付き合える女性に会える確率は高いです。ターゲット選定を間違えないようにしてください。

顔写真がない女性への対応策

Point 1：顔写真は日程が決まってから

顔写真がない女性は「載せていない何らかの理由」があります。それは一概には言えませんが「自分の容姿に自信がない」「中身をちゃんと見てほしい」「カワイイので写真を載せるといいねが多くなりすぎる」などが主な理由です。

こういう女性に顔写真をすぐ要求するのは危険です。**「会うのが決まってから、何らかの理由をつけて送ってもらう」**のがベストです。すでに会う約束をしていれば、**女性から見たあなたは「顔だけで判断する人」ではないですよね。**女性も安心して送ってくれます。

Point 2：理由づけをちゃんとする

写真を送ってもらう理由もしっかり考えましょう。「写真送って」だけだと、顔で判断しようとしていると勘違いされるかもしれません。**「待ち合わせで会いやすい」「顔がわからない人と会うのは不安だから」**などの理由をつけましょう。

A美 27歳 東京 NEW
はじめまして！

「出会いの練習の場」として使え

　マッチングアプリは「出会いの練習」という意味においても、とても有効です。マッチングアプリほど数が試せるツールは他にありません。慣れれば、毎週末デートの約束を取り付けることも容易です。

　なので、**このマッチングアプリをいかに攻略するか、いかに使いこなすかによって、あなたの恋愛の幅や、付き合える女性のレベルが変わってきます。**

　ここで場数と経験を積んでください。

　その中で、お付き合いする人ができるかもしれませんし、生涯を共に歩むパートナーに出会うかもしれません。1回1回のデートに真剣に全力で取り組んでいきましょう。

　これから、あなたにはさまざまな女性との出会いが待っています。

　素敵な女性、たまにはそう感じない女性もいるでしょう。

　しかしその全員が、あなたの人生の後押しをしてくれるキャストです。

　1回のデートでも、出会った女性を大切にし、最高に楽しい時間を提供してあげましょう。そして、経験値を積むのです。あなたが、最高の女性と出会い、最高に魅力的な男性になることを願っています。

恋愛の「4つの壁」を乗り越えろ

その2　初デート

College of Love

よくある初デート失敗パターン

実は成功率が極端に下がります

 藻手内くん、1回目のデートはどうしましょうか？　どこに行けばいいと思いますか？

 そりゃ、ディズニーランドとか、映画館とか？　動物好きアピールに動物園もいいですよね。僕は鉄道も好きなんでそういう場所もいいな〜。

 まさにそれがNGです。

 えっ！？　映画やディズニーが定番だと思っていました。それならやっぱり鉄道博物館を……。

 ここでは世の6〜7割の男性が勘違いしている成功率の下がるデート失敗パターンを2つお伝えします。これをやると、恋人になるために必要な要素が満たしづらくなってしまいます。

 絶対にやっちゃダメなことですね。心して聞きます。でも国鉄のC57（蒸気機関車）もすごいので、先生、今度一緒に見に行きましょう。

 考えておきます。でも、藻手内くんもカノジョができたらいろんなところが楽しくなりますよ。

失敗パターン① イベントごとに行く

　先ほど、生徒の藻手内くんが言っていましたが、例えば映画を観に行く、ドライブをする、遊園地やディズニーランドに行くなど、イベントごとのデートは、1回目、2回

会話せえよ…

目のデートには適していません。ＮＧです。一般的なデートのイメージはそうかもしれませんが、それは、付き合ってからやればいいんです。

付き合うまでのデートの目的は「あなたはどういう人？」「どんな話ができる男か」を女性に伝える場です。恋人になるまで映画、ドライブ、ディズニーは必要ありません。強い言葉を使うと、無駄です。

僕が言うデートは、お互いのことを知り、関係性を作るのが目的です。だから、2時間も映画を観る時間は邪魔です。映画が終わった後にカフェに行っても映画の話になります。初デートはあなたの魅力や人となりを伝えるべき場なんです。

そうでないと、デートの無駄打ち、意味もなく一緒に時間を過ごしただけになります。「いや、ジュンさん、好きだから無目的な時間を一緒に過ごすのも幸せなんです。ダメですか？」。はい、次の見出しを見てください。それはダメなんです。

失敗パターン② 時間をかけすぎる

デートから付き合うまでの時間をかけすぎるとダメです。なぜなら、女性の本能は生殖に適した相手を探しています。女性目線だと「目の前に現れた男性がデートを3回、4回と重ねても何もしてこなかった。まだ手もつないだことがない……。何してるんですか？」となります。

女性は「もしこの性質が子どもに受け継がれたとき、決断に時間がかかる人なら、生殖のチャンスがない（可能性は低くなる）」と考えます。だから、デートが4、5、6回目になっても進展がないと、女性から減点を食らいます。「多産性がない」と思われるのです。

例えば、2回目のデートで告白してたらOKだったのに、4回目、5回目のデートだからダメだったということもあります。その理由は**「遅すぎるから」**です。「私は2回目のデートで帰らないつもりだったのに、あの男は意気地がないのか誘ってこなかったな」「3回目なのに手もつながないなんて、気がないのかな。冷めちゃった……」。こうならないように、時間をかけちゃダメです。**女性に受け入れる気持ちがあるときに攻め込みましょう。恋人関係になるまではスピード勝負です。だから、イベントごとに行くのは付き合ってからでいいんです。**

おそ……　どうしよう…まだ早いかな…　モジモジ

デートは準備で8割決まる

ぶっつけ本番では難しい理由

次はデートの準備です。藻手内くんはデートのとき、どこまで準備してますか?

食べログで店の評判を調べたりします。

いいね。だいたいの人はぶっつけ本番で行っちゃいます。店を予約しても、その場で行き当たりばったりの会話をして、何を頼もうかとか、次の店をどうしようかなんて考えています。脳の思考リソースを余計なことに使っているんです。

そんな細かくデートの準備するんですか?

そう。**初めて行く店なら「どんな店で、何が美味しいか、どんな種類のお酒を頼むべきか」を知っておきましょう。**デートのルート、2軒目、3軒目や会話の順番、流れ、会話をつなぐときの質問も用意しているといいですね。

先生って用意周到ですね!!

当日困らないために、**事前準備できるものが実は8割ぐらいあります。**

おお! 勉強になります。

何かがあったときの対策を決めておくと、安心できますね。何より事前準備をしておくと、デート中の**自分の振る舞いに自信**が持てます。それは女性にも伝わります。

すでに自信がついてきた気がします。何をすればいいか教えてください。

なぜ「男が全部決める」べきなのか

デートにまつわることのすべては、男性が全部決めてください。集合時間、時間帯は昼か夜か、集合場所、デートで使うお店などすべてです。相手の女性がビールかカクテルか悩んでいるなら、そのお店でのオススメを事前に調べておくのも男性です。

すべての行動をあなたがリードして、提案し、決める。主導権を取るのです。

なぜなら、第1部の「5つの女心」の責任回避思考（33ページ）で説明した通り、**女性は責任を取りたくないという性質があります。**これは、オスとメスの生物的な違いです。

メスは群れを守ります。だから、生物学的に女性が向いているのは、今あるものを維持することです。原始時代にあるコミュニティで問題が起こったとき、自分が悪者になってしまったら村八分になり追い出されます。**だから女性はなるべく責任を分散させ、みんなが悪いからみんなで改善しようという意見を出し、コミュニティを維持してきました。**女性は、もともと責任を取り前に進む性質ではないんです。デートも同じです。男がリスクを取るべきなのです。

リスクが発生するのは決断するとき。日程、集合場所などは複数提案し「○日の○時、新宿集合」と男性が決める。相手が苦手なものを聞いて「○○というお店を選んでおいたよ」とお店も押し付けでなく、決めていってください。**こういう誘い方をするだけで、女性の気持ちは変わります。デートに関することは男が決めましょう。**

男が全部決める

① 日時
② 集合場所
③ 行く店
④ 注文内容

決めることはリスクを伴う

だから男が決めるべきなんだ

お店選び、身だしなみの注意点

お店選び① 苦手なものを聞いておく

　デート相手の女性の嫌いな食べ物を知っておきましょう。これは大前提なので、会話してるとき、もしくは LINE などのオンライン上でやりとりしてるときなどに、「苦手な食べ物はなんかある？」と聞いておきましょう。**苦手な食べ物だけ外せば大丈夫です。**「何が食べたい？」「どんな料理が好き？」「フレンチ、イタリアン、和食、中華のどれがいい？」などと相手に合わせすぎる必要はありません。

お店選び② 席は「横並びかL字」で

　デートで使う飲食店を食べログで調べる方もいらっしゃいますね。その中でも「デートに向いている店」があります。**ずばり「横並びかL字」で座れるお店がデート向きです。**

　向き合う配置は心理学では敵対の位置です。スポーツ、将棋、レスリングなどもそうですが、敵とは対面します。対面の位置はあまりよくありません。また、お互いに目線、体の動作が見えるので緊張します。

　四角のテーブルに、対面ではなくL字に座れる配置をしてくれるお店があります。それだと自分の全身が相手の視界に入りません。目線も外せるので心理的なハードルが格段に下がります。プレッシャーから解放され、あなた本来のパフォーマンスが発揮しやすくなります。女性

も見られていると緊張するので、心を開けるような環境に置いてあげられます。

お店選び③ ルートの下見

　デートのときの2軒目、3軒目のルートの下見をしておきましょう。

　1回目のデートの所要時間は 60 分から 90 分以内なので、カフェかランチタイムの店を1軒目だけ下見します。2回目のデートに関しては、1軒目がディナーや居酒屋、2軒目にバー、カラオケ、夜景の見える店、公園などなどたくさんのパターンが考えられます。**どの選択をしても緊張しないように一度自分で歩いておきましょう。**お酒で酔っ払ったり、暗い道だと迷ったりします。

　移動のときにリードする余裕があると、女性に自信がある人だと思われます。地味ですが、こういった積み重ねが男性の魅力、オーラを作っていきます。お店選びとルートの下見は欠かさずやっておきましょう。

身だしなみ確認の12項目

　身だしなみの確認はシンプルです。でも、全部できている人は数％しかいません。以下に12のチェックリストがありますが、完璧にやるだけで、きっちりしている、清潔感があると思われます。**女性が口にする「清潔感」**は具体的に挙げると「ひげを剃っているか」「眉毛が整っているか」「髪のセット」「鼻毛」などなどです。汗対策は、ドラッグストアで売っている汗ふきシートでOKです。女性に会う前に自分の首元、脇の下などをさっと拭くだけでイヤな匂いは取れます。でも、ほとんどの人がやってないんです。匂いは重要です。香水はふりすぎないように。

　口腔ケアは、舌苔(ぜったい)を舌ブラシで取ります。あとは歯間ブラシをすれば2分ほどで終わります。乾燥する時期は唇にリップを塗りましょう。爪も最低限のケアはしておいてください。シワシワの服もやめてください。靴、鞄、持ち物はキレイですか？　財布の中の整理も簡単にしておきましょう。これらは時間がかかることではありません。集合前にさっとやってしまえばいいんです。**魅力的な男性は習慣化していて、デート以外の日もやっています。**女性はこれ以上のことを毎日やっていますよ。**美意識の高い男性になる習慣を身につけてください。**

身だしなみチェックリスト

- □ ひげは剃りましたか？
- □ 眉毛は整えましたか？
- □ 髪はセットしてますか？
- □ 鼻毛は出てないですか？
- □ 汗対策OKですか？
- □ 口腔ケアOKですか？
- □ 唇は乾燥してませんか？
- □ 爪は切りましたか？
- □ いい匂いさせてますか？
- □ 服にシワはないですか？
- □ 靴と鞄はキレイですか？
- □ 財布は整理されてますか？

12項目あるよ

「男としてOK」と思わせる動作

ボディーランゲージを意識せよ

藻手内くん、デート中に「男としてOK」と思われるにはどういうものが有効だと思う?

相手と目を合わせるとか、おごってあげるとか?

惜しいですね。**目線を合わせるは正解です!** 男としての自信あるしぐさや動作、いわゆるボディーランゲージが「男としてOK」には大事なんです。

そんなに重要ですか?

めちゃくちゃ重要です。もしデート中の男が挙動不審で、落ち着きがなかったり、おどおどしていたら、女性に怪しまれますね?

たしかに気持ち悪がられそうですね。

緊張することによって、目線が泳いだり、早口になったり、動きが速くなったりしますが、女性からするとすべて減点です。42ページで話した「この人は危険な人じゃないか?」にひっかかります。

どうしたらいいんでしょう。

3つあるポイントを今から説明します。

①ポイントポイントで目を合わせる

　最初は目線です。人間は緊張すると目が泳いでいろんなところを見てしまいます。質問するときや褒めるときなど、相手の心の懐にちょっと切り込む瞬間があります。そのタイミングは、相手の黒目、瞳孔をしっかり見るんです。視線に力を入れる感じです。

　目線を合わせるのが苦手ならば、カラコンの確認やまつげを見ることを意識しましょう。これも舞台設定としては、L字や横並びの席で行うのが有利です。**女性は目が合わないとコミュニケーションがとれている気がしません。重要なシーンでは、相手の目を見ることを意識してください。**

②ちょこまか動かない

　緊張した人は、飲み物を飲んでは置いて、おしぼりを触り、お皿の位置を変える……。このように落ち着きなく動いていたりします。これは弱々しく、自信なさげに見えます。**動作をなるべく減らしましょう。そのためにはホームポジションを決め、動かさないのが効果ありです。僕は、手を机の上に置いて、指先だけ組んでいます。**

　僕は「魔王と手下理論」と名付けたのですが、RPGゲームや戦隊モノなどを想像してみてください。魔王やボスは「ハッハッハッ」と椅子にふんぞり返っていて、あまり動きません。一方、手下は『仮面ライダー』のショッカーのようにちょこまか動き回ります。この動作の速度で人間は、優劣や上下関係を決めています。**どんな動作でも1つずつ丁寧にすると、自信ありげに見える**ので、やってみてください。

③前のめりにならない、寄りかからない

　これは行動学や心理学で「リーンバック(受動的な姿勢・後ろに傾いた姿勢)」と呼ばれるものです。リーンは傾き、バックは後ろ側という意味です。男女でいるときに、男性は基本、直立していてください。**女性側に傾けば、甘えている、すがっている、お近づきになりたいと思っているというボディーランゲージを発することになります。**

　例えば、恋人同士が電車で横に座っていて、肩にもたれかかると、甘えているように見えます。だいたい女性側が寄りかかりますね。男性は直立していてください。なぜなら、男が前のめりで女性側を向いていたら、大好きを必死にアピールしているように見えるからです。**ふんぞり返るのもよくないですが、寄りかかったりすると、男として情けないアピールになってしまいます。**

初回デートの時間は 60 〜 90 分

「また会いたい」で終わらせる

初回のデートの目的はたった1つ「2回目のデートにつなげること」です。

デートは事前準備が8割以上とお伝えしましたが、初回デートは2回目のデートの準備と捉えてもらってかまいません。あなたの魅力を最大限に伝えるための前座です。

初回デートでの一番のポイントは、「また会いたい」という気分で終わらせること。 そうじゃないと2回目にはつながりません。

そのためには、1回目で完璧に満足させず、すごく盛り上がったところで、「じゃ、また今度」とすることです。

テレビドラマやアニメでもいいところで終わりますよね。すると次回が観たくなる。初回デートも同じく、終わらせ方を考えないといけません。

そのためには初回デートは男側としても「もう少し話したいけど」のタイミングで解散を告げることが必要です。ある意味、自分との戦いをして、2回目につなげてください。**女性と恋愛関係になるという最終目的のために組み立てを考えましょう。**

初回デートの流れはこの4段階で！

繰り返しになりますが、初回デートは相手に「危なくない」と思わせるためなので、太陽の出ている昼間のランチやカフェでOK、時間も60分〜90分と短めにします。2時間〜3時間と話して、女性に満足されるのは避けましょう。

　最悪なのは、話題がなくなってきて、解散になったときの空気感です。こうなると次が楽しみではなくなるので、2回目デートにつながらなくなります。

　初回デートの構成は4段階です。

　①あいさつ　②アイスブレイク　③仕事→趣味→過去の話　④恋愛話　の流れです。①のあいさつはとても重要です。特に**女性と会った瞬間の3秒から7秒ぐらいでのあいさつは、第一印象を決めます。**

　②のアイスブレイクはビジネスシーンなどで使う言葉ですが、緊張した雰囲気を和ませるコミュニケーション方法のことです。**なるべくかしこまらずに、友達と話しているような空気感を作りましょう。**

　③で仕事、趣味、過去と、相手のパーソナルな話を掘っていきます。外側からだんだん心の奥のほうに入っていくイメージです。**その3つの話を掘っていくと、一番奥にあるのが、④恋愛話です。**仕事→趣味→過去→恋愛と話をつないでいくと、だいたい60分から90分になるかと思います。男性は恋愛話に入って少し盛り上がったぐらいで、話をパッと切ります。そのタイミングだと、女性からすると「恋愛話に入ったところぐらいが面白かったな。もっと話したいし、次も会いたい」となります。恋愛話は5分から10分ほどで大丈夫です。そこで**「めっちゃ今日楽しかった！　もっと話したいから今度ご飯行こう」**と誘いましょう。

　ここでのポイントは「恋愛話」です、初対面の1時間で深い部分の話を引き出すことで「私もしかして、この人のこと信頼してるのかな？」と心の距離を縮めることができます。

　深い話題を共有するから、仲良くなれる。これを心理学で「認知的不協和の解消」といいます。

　この4段階はシンプルなので頭の中に入れておきましょう。道標があると迷わないので、会話に自信があふれます。この4段階も詳細に解説していきます。

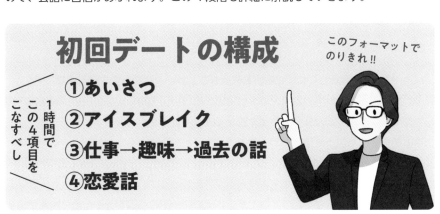

初回デートの構成

このフォーマットでのりきれ!!

1時間でこの4項目をこなすべし

①あいさつ
②アイスブレイク
③仕事→趣味→過去の話
④恋愛話

第一印象をよくする「あいさつ」

会って3～7秒で第一印象が決まる

藻手内くん、初回デートの4段階はわかったかな？

なんとなくわかりました。僕は①のあいさつが苦手なんですよ。

あいさつはめちゃくちゃ大事です。なぜなら大昔、人間は出会ってすぐに敵と味方を判断していました。また、いつ敵に攻め込まれるかもわかりませんでした。

原始時代だとそうでしょうね。

だから女性の本能は一瞬で、目の前の男性を敵か味方か判断します。**第一印象は3秒から7秒で決まり、3分あれば確定します。**

3秒……。僕は自信がないです。

大丈夫です。**最高のあいさつには4つのポイントがあります。**このポイントを押さえれば第一印象はバッチリです。

あいさつポイント① 名前を呼ぶ

「○○ちゃん、よろしくね」と名前を呼びましょう。これはものすごく大切です。**心理学の世界では「ネームコーリング効果」といい、名前を呼ばれたら、呼ばれた人に好意を感じたり、親近感や信頼感を覚えるそうです。**めちゃくちゃ単純ですが、女の子は名前を呼ばれたら嬉しいんですよ。

他にも、アメリカの心理学者は、アルファベットに点数をつける実験をしたそうです。すると自分の名前に入っている文字に高い点数をつける傾向がわかりました。人間はそれほど自分の名前が好きなんです。だから、**女の子の下の名前を呼ぶと心の距離が縮ま**

ります。ぜひ呼んであげてください。

あいさつポイント② 笑顔

　顔の表情がこわばっていたり、暗かったりすると、女性に怖いと思われます。**笑顔は生物学的に、敵でないという表示でもあるので、女性に「危なくない」とも思われます。**人間と近い類人猿であるゴリラやチンパンジーも、友好の証に笑顔というか、歯を見せるしぐさをします。**男性なら爽やかなキラキラの笑顔で「○○ちゃん、よろしくね」とあいさつすると、女性は敵ではない、危険ではないと認識してくれるでしょう。この第一印象が大事です。**

　笑顔は鏡を見ながら練習してください。僕もやりました。最初こそ気持ち悪いですが、慣れてくると自然な笑顔が出せるようになります。自信のある笑みがいつでもできれば一流です。

あいさつポイント③④ 目線と声

　目線と声は、オスとしての強さ、男としての価値を伝えるものです。大事なことを女性に伝えるときは、その瞬間だけでも相手の黒目を見てください。

　しっかりとお腹から声を出してください。相手に「えっ？」と聞き返されるのは、自分が思っている以上に聞こえていません。声の小ささは、女性が心を開いてくれない原因にもなります。待ち合わせポイントなどはガヤガヤしているので大きな声を出しましょう。最近はマスク着用の機会も多いですが、あいさつのときだけでも外して、自分でうるさいと思うほど、1.5 倍ぐらいの声量にしましょう。

あいさつのポイント

① 名前を呼ぶ… 「○○ちゃん、よろしくね」だけでいい

② 笑顔……… 敵ではない、安全というサイン

③ 目線……… あいさつの瞬間だけは目を見て

④ 声 ……… ボソボソと言わない、
　　　　　　　しっかり声を出す

第一印象 3 ～ 7 秒
第一印象確定まで 3 分

アイスブレイク

あいさつ後の7分間ですべきこと

 藻手内くん、初めてのデートが始まります。初対面の女の子を和ませる、アイスブレイクではどんなことを話しましょうか?

 ツカミは大事ですからね。吉本新喜劇の「ごめんやっしゃー」とかどうですかね?

 デートが凍りつきますよ……。
女の子は緊張して「この人はどんな人?」「何を話そう」「いいデートにしたいな」などと考えています。ギャグを入れるのではなく、**相手を安心させてあげてください。**

 根がお笑い系なもので、ついついふざけてしまって……すみません。

 しっかりしてください。**アイスブレイクでは世間話、自己開示、褒める、この3つを意識しましょう。**
時間としては、**集合してお店に入るまでの7分ぐらいのうちに**アイスブレイクをしてみてください。

①世間話「何線で来たの?」

　女性と待ち合わせをして、会ったとたんいきなり深い話を切り出すと相手も困ります。**心を開いてもらうまでは、外堀から埋めていきます。**その一番の外堀が、営業マンが話のとっかかりとして2〜3分話すような話題、いわゆる世間話です。

　駅の改札口に集合したら**「何線で来たの?」「今日メチャクチャ寒くない?」「仕事終わりなの?」**など、そんな感じで問題ありません。

　1分ほどでいいのでそういった世間話をしましょう。

②自己開示「緊張しますね」

　初デートでは、女性も緊張しています。もちろんあなたも緊張しているでしょう。女性の不安を安心に変えるには、「僕はこう思ってますよ」と自分から心を開くことです。それが「自己開示」です。**今回の場合は「なんかこういうのって緊張するよね」と語りかけるだけでOKです。女性は「この人も緊張している」と思うだけで安心します。**逆に、未知なるものを人は怖がります。だから男性が質問ばかりで自分の話をしなければ、女性は怖くなります。

　あなたが自信に満ちた態度であれば「緊張します」と言っても、女性に「絶対、緊張してないでしょ」と突っ込まれます。こうなればいいボディーランゲージを発揮できていると思います。これを出会ってすぐに言われるようになれば、「オスとしてOK」というサインが出ています。

③褒める「オシャレさんだよね」

　3番目のテクニックは、女性を褒めること。「ピアスカワイイじゃん」「今日の服似合ってるね」などなんでも褒めていいんです。**僕がよく使うのは「オシャレさんだよね」と服や身につけているものを褒めます。顔やスタイルを褒めるのは、露骨すぎるのでやめたほうがいいです。**声がカワイイはギリギリ許されるラインかもしれません。

　褒めるという行為は、相手を認める、肯定することです。「あなたのことをいいと思った」が伝われば十分です。

　お店に入るまでの時間に①世間話、②自己開示、③褒める、この3つのアイスブレイクを意識しておきましょう。

アイスブレイク３項目

①世間話　　「何線で来たの?」
　　　　　　「めちゃ寒いですね」

②自己開示　「緊張しますね」
　　　　　　→「絶対、緊張してないでしょ」と
　　　　　　突っ込まれたら「オスとして OK」のサイン

③褒める　　「オシャレさんだよね」
　　　　　　「声カワイイよね」etc.
　　　　　　→相手への肯定の意思表示
　　　　　　（見た目にいきすぎないで）

仕事→趣味→過去の話

アイスブレイク後は、この3つの話題で

　本格的に話が始まったら、「仕事」「趣味」「過去」この3つの話題を使います。

　初デートの目的は、恋愛話をして盛り上がること。しかし、いきなり「元カレってどんな人だった？」と聞いてしまうと「いきなり何聞いてんの？」と心のシャッターを下ろされてしまいます。

　スムーズに心の内側に入っていくために、違和感のない話題を順番につないでいくのです。初対面でも違和感のない仕事の話から、休みの日などの趣味、部活や小さいころの流行などの過去を順番に掘り進めていきましょう。

その子の「話したいポイント」を探る

　その子によって、今興味があったり、熱中しているポイントが異なります。そのポイントを探し出し、話してもらうことで、女性は自然と楽しくなっていきます。こちらが楽しませるのではなく「話したいことを話させることで、勝手に楽しくなる」のです。

　話題を振ってリアクションをとりながら、声のトーン、姿勢、表情、返答の量などを観察してみてください。反応が薄かったらサクッと次の話題に。反応がよかったらどんどん質問して深掘りしていきましょう。

　しかし、ここでも話しすぎは注意。あくまで恋愛話に到達するのが目的です。1時間以内には恋愛話に到達する時間配分で進めてくださいね。

その子が「話したいポイント」を探る

例えば…
・仕事で頑張っていること
・チャレンジしていること
・休みの日の過ごし方
・ハマっている趣味　etc.
↓
反応がよかったものを掘り下げる！

話しすぎに注意！目的は "恋愛話に到達すること" です

恋愛話【重要項目】

恋愛話こそ鉄板で盛り上がれるネタ

　初回デートの締めは、恋愛話です。僕がよく使うパターンを紹介すると、小学校時代の話から恋愛話へ流れるのが楽です。「あの時代、プロフィールを書き込む紙が流行ったね」「休み時間はドッジボール派？　絵とか描いてた？」などと盛り上がり、「ちなみに初恋はいつだったの？」と自然に恋愛話を聞き出します。恋愛話の場合は鉄板で盛り上がるので「付き合ってから好きになるほう？」「小学校のときって、足速い人好きにならない？」など、急に話題を振っても変ではありません。ただ、なるべくスムーズなほうが相手も答えやすいとは思います。

　恋愛経験がない人には、初恋の話題がいいですね。初恋は幼いころから中学生ぐらいの時期なので、どんな方向性でも盛り上がります。例えば、僕の初恋は小学校4年生のとき。担任・藤田先生がカワイくて、憧れていたんです。でも、学年が変わるとき「結婚して産休に入ります」と発表しました。僕は、藤田先生に旦那さんがいるのも、産休でいなくなるのもショックでした……。こういう初恋話って、ファンタジー感もあって、単純に面白いんですよね。

恋愛話

「休み時間何してた？」
「足速い人好きにならない？」

小学校時代の話から
切り込む！

「初恋っていつだった？」
「どんな人だった？」
「付き合ってから好きになるほう？」

相手の恋愛観を引き出すなど考えなくて OK。
目的は “盛り上がること” です

　ここでは相手の恋愛観を引き出すなどを考えなくていいので、盛り上がってください。これでデート時間は 60 〜 90 分ほど経っていると思います。あとは、「もっと話をしたいから、また今度ご飯に行きましょう」で終了です。

ピークエンドの法則

　ここで覚えてほしいのが「ピークエンドの法則」。これは、感情が最も高まったピーク時の印象と、エンド（終わり）の印象で全体を判断するという法則です。

　デートでイメージしてみましょう。横軸が時間、縦軸が好意レベルです。デートがスタートした時点では 0 ですね。女性の「どうだろう？　よくわかんないな」から、デートの会話を進めると、脈ありになってきます。好意は積み重なって、話は盛り上がっていきます。**その「もう少し話していたい」という一番盛り上がったところで、初回デートを終わりにします。**初回デートはピークをエンドに持ってくるのです。時間にして60 分から 90 分ほどのところです。女性は「あれ？　私は楽しかったのに、この人はどうなんだろう？」という状態で家に帰ります。

　それゆえに「ピークエンドの法則」が生きます。**彼女は「もっと話したかった、一緒にいたかった」**と思いながら眠りにつくことになります。

　もし 2 軒目に行っても、トークスキルがなければ解散するころには話すこともありません。すると 2 回目のデートすらなくなります。

　一番の盛り上がりの印象で、次回への期待値を高める。これが初デートのコツです。

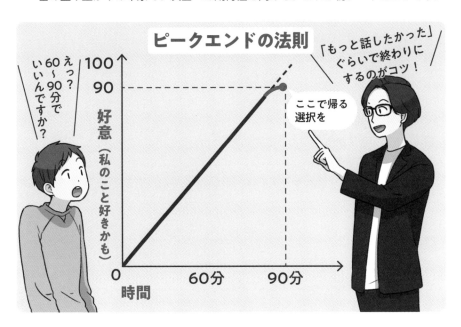

モテる会話のコツ

一問一答にしない

「お仕事は何されてるんですか？」「趣味は何ですか？」という一問一答形式はNGです。堅苦しい空気になるし、女性側はなんだか面接されている気分になるでしょう。リアクションと連想で、自然につなぐことを意識してください！

一問一答（NG）

男「お仕事は何されているんですか？」

女「看護師です」

男「そうなんですね。お休みの日は何をしているんですか？」

モテ

男「土日休みなの？」

女「そうです！」

男「じゃあ、友達と予定合わせやすいね！」

女「そう。だから今の仕事にしたんだ」

男「友達とは何することが多いの？ 旅行とか行く？」

一問一答（NG）

男「インドアですか？ アウトドアですか？」

女「アウトドアです！」

男「そうなんですね、楽しそうですね。部活は何してたんですか？」

モテ

男「グランピングとか行くんだ！ いいなぁめっちゃ楽しそうじゃん！」

女「でしょ！ 自然の中癒されるんだよね」

男「けっこう自然の中とか体動かすの好きなんやね」

> 女「そう、ストレス溜まると体動かしたくなる」
>
> 男「部活は何してたの？　運動部？　あ、ちょっと待って当てていい？　テニス部っぽい！」

リアクションとテンションは 1.5 倍で

　リアクションとテンションを、普段の 1.5 倍は大きくすることを意識しましょう。テンションが一定でリアクションが薄いと「楽しくないのかな」と感じさせてしまいます。女性が話しやすくなるように、テンションは高めで。

　「あ、これ美味しいね」ではなく「え!!　これめっちゃ美味しくない!?!?　ちょ、食べてみな!!　ヤバいよ!!」という雰囲気です。**まずは自分が明るく、楽しい人になることを意識してください。**

敬語は不要

　最初は丁寧にいったほうが印象がいいかな、と思うかもしれません。しかしそれは間違い。ずっと敬語で丁寧な接し方だと、一向に心の距離は縮まらないし、相手も「私も、ちょっと丁寧にしないと」と思ってしまいドンドン距離感が広がります。

　敬語はどれだけ遅くても開始 30 分以内にはなくしましょう。合流したときは敬語で、徐々に「え！　そうなんや！」というリアクションから敬語を外していき、最終的にすべてタメ口に自然と移行するのがオススメです。自分がタメ口になったタイミングで「てか敬語やめてね！　なんか距離感遠いし、〇〇ちゃんとは仲良くなりたいから」と、女性もタメ口に変えてあげられると親切ですね。

モテる会話のポイント

- **一問一答にしない**
  →リアクションと連想で自然につなぐ

- **リアクションとテンション**
  →普段の 1.5 倍はオーバーに！

- **敬語は不要**
  →デート開始 30 分以内にはタメ口

お会計どうする問題

付き合う前は「おごる」が正解

　初デートのときのお会計をどうすればいいか困りますよね。おごってほしい女性もいれば、割り勘を望む女性もいます。何が正解なのでしょう？　**恋愛には付き合う前と後という2つの段階があり、恋愛のルールが違います**。女心をひと括りにすると混乱します。

　付き合う前は、減点方式の恋愛です。会った瞬間の3秒から3分以内で印象が決まり、それが基準点になります。**その基準点からデートでミスがあると減点されていくんです**。

　反対に付き合った後は加点方式の恋愛に変わります。彼氏のいい面ばかりが目につくようになる傾向があります。

　本能という観点では、**付き合う前は「この相手と子作りをしたいか」と交尾対象を選びます。でも、付き合ってからは「夫婦としてどうか」です**。ここからお会計問題を考えてみましょう。

　付き合う前は僕のアンサーは1つ。減点方式では、ヘタなことしないほうがいいのでおごる、もしくは、一度は払っておく、です。お金を出すと減点はされません。おごられるのはイヤな女性もいるので、そのときは一度払って、お店を出てから精算しましょう。社交辞令で渡すふりをする女性もいますがその場合は「いいよ」と拒否すれば、「じゃ、

お会計どうする？

交際前：減点方式
（交尾対象としてどうか）

20
80
オゴってくれない -20点！
一度は払っておく

交際後：加点方式
（夫婦としてどうか）

20
ちゃんと話し合える +20点！
30
10
20
話し合う

お言葉に甘えて」となるはずです。本当におごられるのがイヤな女性は、一度断っても
お金を手に持っているので、そのときは受け取りましょう。これは減点の対象にはなり
ません。

　付き合ってからは「夫婦としてどうか」「長くパートナーとしてやっていけるか」な
どを女性は見てきます。お金の話は大切ですが「話し合う」という明確な正解がありま
す。牽制(けんせい)し合って話さないのが一番ダメです。付き合った後は加点方式なので、「この
人はちゃんと話し合いのできる人だ」という加点になります。

　付き合う前は減点をなくす、付き合った後は話し合う、と男性側は戦略を変えていき
ましょう。

デート資金がない…という方へ

　「『全部おごってください』と言われても、毎回数万円も出費していたら、すぐにお金
がなくなります……」というご相談も、僕のもとによく届きます。しかし、ここで大事
なのは、**「創意工夫の精神」** です。

　当然、毎回オシャレなディナーをご馳走し、雰囲気のいいバーもご馳走していたら、
お金は足りなくなります。しかし初デートはランチでもいいし、カフェでもいいのです。

　カフェだったら、コーヒー1杯500円程度。少しグレードの高い場所や、オシャレ
な場所に行っても、2人で2000円を超えることはありません。「最近インスタで見つ
けたカフェあるんだけど、今度お茶しに行こ！」と、雰囲気のいいカフェに誘えば
OK。

　**週1でデートに行ったとしても、
2000円×4週間＝8000円程度で
す。**

　夜も、高級なディナーは必要ありま
せん。それは付き合った後の記念日や
特別な日に行く場所。僕も客単価
5000円くらいの、少し雰囲気のいい
居酒屋を使っています。2軒目もカラ
オケだったら2000円程度、シーシャ
バーでも5000円程度。

　**「お金がないから」と言い訳するので
はなく「どうすれば実現できるか？」
を考える**創意工夫の精神が、恋愛を成
功させる上で求められるのです。

2000円×4週間（週1回）
＝8000円程度！

創意工夫
次第だぞ！

「恋愛スイッチ」を入れるエスコート

ディズニーを見習え！

ここではデート中のエスコート、女性に対する振る舞いを具体的に解説します。

そもそも、なぜ男性が女性をエスコートしたり、レディーファーストという精神が存在するのでしょう。

その理由は、女性が特別扱いやお姫様扱いが好きだからです。また、昔から女性の本能は、生殖対象の男性を非日常のときに探すようにプログラミングされています。**だからこそ、非日常的な体験は女性の恋愛スイッチをオンにします**。

こういう感覚は、夢と魔法の国気分を味わえるディズニーランドに行くとわかると思います。**デートも同じイメージで、自分がキャストになった気分で進めましょう**。ちゃんとエスコートできると女性は心を開き、非日常の世界を楽しみ、恋愛スイッチが入っていきます。

ひと言で「ディズニーを見習え」と伝えておきます。

気遣いの基本 12 項目

↓実はできている男がほとんどいない！
女性への気遣いの基本

①車道側を歩く
②歩く速度を合わせる
③エスカレーターは男が下
④エレベーターは女性が先
⑤椅子を引いてあげる
⑥メニューは女性向き
⑦店員さんは男が呼ぶ
⑧おしぼりは先に女性に

⑨注文は男が決める
⑩お水とお茶の注文
⑪トイレの間に会計する
⑫改札まで送る

デート中に重要な気遣いの基本が 12 個あります。

当たり前のことが多いですが、1 つずつ解説します。

①「車道側を歩く」②「歩く速度を合わせる」、このあたりは男性としての常識です。③**「エスカレーターでは男が下」**を解説します。上りでは自分が後に、下りでは自分が先に乗ります。これは女性が落ちないようにというのと、目線を合わせるため、また、エスカレーターでの盗撮防止もあります。④の「エレベーターは女性が先」は、男性が扉に手を添えるとスマートです。その間に女性に乗り降りしてもらいましょう。

⑤の「椅子を引いてあげる」は、レストランに入ったときにちょっと椅子を引くイメージです。同じく飲食店では、⑥「メニューは女性向き」に出し、⑦「店員さんは男が呼び」ましょう。

⑧の「おしぼりは先に女性に」は、テーブルに置いてあるお店ならそのままあなたから女性に渡しましょう。あまりやっている人がいないですが、店員さんは男性からおしぼりを渡そうとしてきます。だから「先に女性に渡してください」と店員さんにアイコンタクトをすると察しがつく人ならそうしてくれます。これは効果があります。

以前の講義でも解説した通り⑨「注文は男が決める」のが基本です。同じく、⑩の「お水とお茶の注文」も男性が行いましょう。女性のドリンクがなくなれば「次は何飲む？」と聞いたり、日本酒などのアルコール度数が少し高めのドリンクを頼むときは、一緒にお水を頼むなどの気遣いができればバッチリです。デザートのころに温かいお茶をもらうのもいいですね。お水とお茶は細かいですが、いいタイミングで注文できると「この男性、配慮がわかっているわ」と評価が上がります。

⑪の「トイレの間に会計する」はベタですが、やられたらイヤな気はしないはずです。おごられたくない女性は一定数存在しますが、おごっても減点されることはありません。お会計をすませて、お店を出るときには「ごちそうさまでした」と店員さんにあいさつができるとスマートです。

⑫別れ際は「駅の改札まで女性を送り」ましょう。

でも、全部ができる男性は少ないです。だからこれだけでもやれば「女性の扱いに慣れている」「できる、モテる」男性になる確率が上がります。

手を抜かずにこれらをやれば、あなたは昨日より確実に今日のほうが女性に選ばれる男になっています。

女心をつかむ LINEの使い方

女性が送る「脈なしLINE」

女性が「直接表現」をしない理由

 普段使っているLINEで、狙っている女性の恋愛に対する脈のありなしがわかればいいですよね。

もちろん。そんなことができれば、超能力者、エスパーですよ。

 そこまでじゃないですよ。ある程度までは簡単にわかります。そもそも女性は直接表現をしないんです。

え、どういう意味ですか？

 女性はLINEや直接的な言葉で「あなたは恋愛相手としてありえない」「私は藻手内くんのこと大好き」とは言ってこないんですよ。女性は気持ちを伝えるのに間接表現を使います。それは勉強しないとわからないんですよ。

女性ってなかなかめんどくさいんですね。

こらこら。そもそも男性は生物として間接表現能力が低いですからね……。**女性がどういうときに、どんな方法で「あなたにはメリットないですよ」と伝えてくるのかを知っておきましょう。**そうでないと、**脈がない女性にアタックし続けることになります。**女性からすると、そんな空気の読めない男性は気持ち悪いんです。

ゲッ！　ビジュアル以外で気持ち悪がられるのは避けたいです。

では、この LINE が来たら厳しい、あきらめたほうがいいというパターンを紹介します。気になっている女性との LINE が当てはまっていないか確認してみてください。
それではいきますよ。脈なし LINE 5 選です。

こんな LINE は「脈なし」確定です

①一問一答
②すぐ終わらせようとしてくる
③24 時間以上返信がない
④忙しいアピール
⑤会えない

脈なし LINE ①　一問一答

まず「一問一答」の LINE は危険信号です。僕は **「面接 LINE」** と呼んでますが、こんな感じです。

男「仕事は何？」
女「私は看護師です」
男「そうなんだね。休みの日何してるの？」
女「ネットフリックスとか観ています」

男「そうなんだ」

　男が質問を送ると女性がひと言返す。これが、面接みたいな会話になる「一問一答LINE」です。これのおかしな点は、女性もコミュ力があれば、普通は話を広げるはずです。それをやらないのは**「めんどくさいから」。つまり、あなたと話を続ける気がないので一問一答になるんです。**

　相手はとりあえずは返すけど、積極的にLINEを続けよう、話を広げて盛り上げようとはしていません。だから、あなたばかりが質問を送り、向こうが答えるだけになっているLINEは危険です。

脈なしLINE ② すぐ終わらせようとしてくる

　脈なしの2つ目は「すぐ終わらせようとしてくる」です。

　女性からの返信が「了解」「うん」「そうだね」とひと言で終わり、「私、朝早いから寝るねー」などと終わってしまう……。これはLINEを終わらせたい、つまり「あなたとLINEしたくない」ということです。悲しいけど事実です。

　LINEやオンラインのやりとりは、けっこう面倒です。だから、どうでもいい人とはやりたくないんです。リアルの世界だとなんとも思ってない人とも雑談するけど、オンラインでは関わりたくなくなるんです。

　前述の「一問一答」と、この「すぐ終わらせようとしてくる」という女性のLINEがあると、「自分はどうでもいい相手枠に入っている」ということです。

　もう「脈なし」になっているので、「わかりました」とさっと引いたほうが賢明ですね。

脈なしLINE ③ 24時間以上返信がない

　3つ目は「24時間以上返信がない」です。まだ、相手が海外に行っていたらわかります。だけど、普通に生活し、仕事をしていれば、朝9時に出勤しても20時には退勤し、自宅に帰って21時です。1回ぐらいLINEを返せます。では、なぜ返さなかったのか……。単純に面倒なんです。

　人間の脳は、面倒くさいものを後回しにする性質があります。あなたからのLINEが、相手にとって面倒なら後回しにされます。**LINE相手の女性から1日以上返信がないなら危険です。言ってみれば「手を引きましょう」の合図ですね。**

　返信のスピードが12時間以内や1日に

○○ちゃんは忙しいからしかたないんです

いや、丸一日はありえんよ

未読

1回あるのならまだ大丈夫です。「ジュンさん、女の子の返信が以前は2時間ぐらいだったのに、昨日は5時間だったんです……。どうですか？」と質問されたことがあります。答えは「わかりません」。**1日1回返信が来ているなら大丈夫。24時間以上返信なしが危険信号なだけです。**

脈なしLINE ④ 忙しいアピール

「私、最近忙しくてさ」「仕事が繁忙期なの」「バイトのシフトが増えたんだ」「学校のイベントの運営委員になった」「家族が受験で応援してるの」などという女性の「忙しいアピール」はいったいなんなのでしょう？　彼女は癒してほしいのでしょうか。

いや、違います。**断る理由を作っているんです。**

女性はデートや食事に誘われたときに、「私、忙しいから」と、断る理由を先出しに作ることがあります。つまり、「忙しいアピール」という間接表現で「あなたとはデートに行くつもりがないですよ」と伝えてくれています。

こんなことわかるはずありません。だから男性は「女性の心理」を勉強しましょう。**「忙しいアピール」のLINEが来たら「関係が微妙かもしれない」と思っておいてください。**

脈なしLINE ⑤ 会えない

女性をデートに誘ってみても「うーん。友達と一緒ならいいよ」「シフト出たら連絡するね」「来月になったら仕事落ち着くから」などということはありませんか？　これらは「全部ウソ！」。断ってるだけ、あなたとデートや食事に行く気がないのです。

そう、最後の脈なしLINEは「会えない」です。

この法則を覚えてください。**女性は好きな人、いいなと思う人の前では暇になります。予定がポンポン空きます。女性のほうから調整し、予定を合わせてきます。ただ、どうでもいい男の前では、「ムリなんだよね」「今週はキツイ」と、むちゃくちゃ忙しくなります。**

だから、その女性が忙しい忙しくないではなく、あなたに対してどう思っているのかが予定と関係しているのです。

デートに誘い、上記のような反応ならそろそろ厳しいかもしれません。

女性からキモい認定される LINE

LINE でやりがちな 8 つのミス

気になる女の子との LINE は、どんなふうに送ったらいいですか。僕の場合、返信が来ないときがあったり、2 日既読無視されたりしています。

 現代では、LINE は恋愛と切っては離せないツールとなっていますね。藻手内くんも先ほどの「脈なし LINE 5 選」を読んでくれたと思います。なぜこんな LINE になるんでしょう。

初めから好かれていないからです。

 いや、LINE の交換まで行ったんだから、最初は大丈夫だったはず。だんだん脈なし LINE になっていったんですよ。

うーん……。何が悪いんでしょう。

 こう考えられませんか？　何かしら LINE でミスをしている。

あ〜〜。ちょっと思い当たる節が……。

 これから挙げる「やってはいけない 8 つの LINE」は、ほぼ一撃でアウトです。キモい認定されてしまいます。

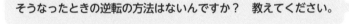そうなったときの逆転の方法はないんですか？　教えてください。

 すみません。逆転はないんですよ。それほどヤバい 8 つなので、これは絶対覚えておいてください。

やってはいけない LINE ① 長文

　長い文章は、読みたくないですよね。特に LINE は、ワンスクロール以上あったら見る気がなくなります。基本的にチャットのツールなので、長文が来ると「メールかよ」とツッコミたくなります。

　だから、**男性はなるべく短文を意識してください。**長文は、受け取る側が重く感じてしまいます。読む相手である女性に労力をかけさせないのが大切です。これは逆もしかり。長文を送ってくる女性はたいていヤバいです。

「返すのが面倒なので後にしよう」「こんな長文を毎回送られたら大変。早く終わらせよう」という気分になるので、LINE の長文はやめましょう。

やってはいけない LINE ② 日記

　日記 LINE とは、例えば「おはよう、今日も１日頑張ろうね」「今日はラーメンを食べたよ」「○○ちゃん、今日は出張でどこどこに来たよ」みたいな、いわゆる日記を交際前の女性に送りつける男性がいます。

　受け取った側は、返信に困るのが何よりも問題です。

　「ラーメン食べたよ」って、カノジョでもないのに、あなたがお昼に食べたものに相手は興味がありませんよ。「私はパスタ食べたよ」とでも返せばいいんですか？　この**配慮のなさ、コミュニケーション能力の低さが一番の問題なんです。**女性の気持ちを一切思いやらず、男性が連絡を取りたい気持ちを一方的に押し付ける。この態度がマジで気持ち悪いみたいです。

　僕も男性だから、連絡を取りたい気持ちはわかりますが、ちゃんと女性が返信しやすいようにしてあげてください。みなさんが気にかける素敵な女性には、日々のアプローチがたくさん来ています。そんな中**「返すの面倒だな」**という LINE が来たら、**絶対後回しにされます。受け取る相手の気持ちを考えることが第一です。**

やってはいけない LINE ③ おじさん構文

　おじさん認定される LINE、いわゆる「おじ構文」です。次の２種類が代表的です。

　１つ目は、僕は勝手に**「ダブルミーニング」**と呼んでいますが、文字と同じ意味の絵文字をつけることです。次のページで例に挙げたのは「寿司に寿司の絵文字」がついています。若者は使いません。そもそも男同士では絵文字など装飾することもなく、テキストだけのやりとりが多いです。**「ダブルミーニング」を使う人は、普段から他人とコミュニケーションがとれていない、コミュ障だと思われます。**

もう1つは、**おじさんしか使わない絵文字シリーズ**です。絵文字の使い方は年齢層が如実に出ます。だから、基本的に絵文字を使わないでください。使い方のミスもありますし、装飾自体がいらないです。せいぜい「！」や「…」の使用にしておきましょう。

　どうしても絵文字を使いたいなら、相手の女性が使った絵文字は使ってOKです。ただし同じ量は使わないし、1回の返信につき1個など制約条件が多いです。

　基本的には絵文字を使わないのがベターです。そうすれば絵文字に関するミスはありません。ダブルミーニングと絵文字に気をつけてください。

おじ構文「ダブルミーニング」

今度、すし🍣行こうね！

絶対に使ってはいけない "おじ絵文字"

やってはいけないLINE④ 追いLINE

　追いLINEとは何かというと、**既読無視をされた女性に、追撃でLINEを送ることです。これも絶対にダメ、一撃アウトです。**

「追いLINE」も結局「早く返信しろ」という圧力になります。**女性が既読無視するのは、「忙しい」「もう連絡取りたくないから察してほしい」というメッセージです。そこに「追いLINE」をするのは、配慮がありません。**

さらに深く考えてみると「追いLINE」をしてくる男と付き合ったらヤバいということがわかります。「早く返信しろよ」がそのうち「お前さ、俺のカノジョなんだからすぐ返事しろよ」になります。モラハラなヤバい男感がプンプンします。それに、他に女がいなさそうで、暇そうで、仕事できなさそう。女性は、LINEの返信を気にする暇があるなら、勉強や仕事を頑張ったり、友達と遊んでればと思うわけです。

「追いLINE」をしていると、暇で価値の低い男と女性は感じてしまいます。だから絶対に追っちゃダメ。一撃レッドカードなのでやめてください。

やってはいけないLINE⑤ 送信取り消し

LINEには「送信取り消し」機能がありますね。送り間違いやスタンプをキャンセルする機能です。ただし、相手には取り消したことがわかります。

この「送信取り消し」を何度もすると、メンヘラ（心が不安定で浮き沈みが激しい）だと思われます。逆に男性が女性にされても「この子危ないかも」と思います。

自分で考えて文字を打って、送信を押しているのに、その意思決定をくつがえすのは不安定すぎます。これを読んでいる方は絶対にしないでください。

こういうことをしていいのは、業務上のやりとりで表記ミスがあり、取り消して正式なものを送るときなどです。女性とのコミュニケーションではNGです。

「あの発言は撤回させていただきます」と、一度口にした言葉を取り消すのは政治家だけで十分。

やってはいけないLINE⑥ 詮索（せんさく）

「○○ちゃん今日何をしてたの？」「週末、何するの？」など、女性の行動や予定を探るような質問をされるのは、女性にとってストーカーを思い起こさせます。

付き合ってもいないし、お泊まりもしたことのない男に対しての女性の思いは「私の予定は関係ないじゃん」のひと言です。ずばり詮索は、女性にとって気持ち悪い行為です。基本的に女性は、自分自身に危害を加えられるかもしれないという本能的な恐怖感があります。特にヤバい男、非モテの男には近づきません。危害を加える可能性のある男と判断されたら、女性は絶対に心を開かず、うまくいきません。

それには詮索LINEは逆効果。女性の本能は「危害を加えられるかも」と学習します。

ある種のヤバいタイプのオスにはストーカー気質があり、女性を探り、追いかけ回し、執着します。そう思われないように詮索LINEはやめましょう。

やってはいけない LINE ⑦ 長々続けようとする

LINE の会話で、男性が 1 つの話題が終わりそうになったら次の話題を振る。女性は「もっと話を続けたいんだな」「たぶん私のことを好きなんだな」とわかります。そして LINE だけが長々と続いていく。すると**女性としては「なぜこの人はデートや食事に誘ってこないんだ？」**と考え、**「この男は誘う勇気がないんだ」**という結論に達します。

恋愛のゴール、目標は子孫繁栄です。私たちもご先祖様が生殖本能を持っていたからこそ、この世にいるわけです。

子孫繁栄はオンラインや SNS ではできません。LINE で話を盛り上げても、女性の本能は「なぜ、リアルに攻めてこない？」と思っているはずです。本能なので自分で認識できていないかもしれませんが……。女性からは「リアルに誘ってこない男……それなら脈なしでいいか」と判断されます。

付き合う前はドライに、仕事の連絡を返すぐらいのノリで、デートや食事の日程を決めましょう。付き合ってからは、ルールチェンジをして、愛情を伝えるマメな LINE をしましょう。

やってはいけない LINE ⑧ （笑）

LINE の文章の最後に「（笑）」をつけちゃう人いますよね。面白いときに（笑）をつけるのは問題ありません。**でも「ご飯行こう（笑）」はダメです。この（笑）はやめましょう。**

デートや食事などは男性から誘うものです。「○○ちゃんご飯行こう」と直球で誘うのはＯＫ。でも（笑）をつけるとどうですか？　ナヨナヨした感じになります。**つまりこの（笑）は、自信のなさを表しているんです。**

相手に断られたときに大丈夫なように保険をかけて「僕は半分冗談で誘ってます」という態度を出しています。**女性からすると傷つきたくないという心の弱さがダサく見えます。**

特に相手の心に切り込むときや、デートの後の「今日楽しかったよ（笑）」などには絶対に使わないでおきましょう。

（笑）の絶対ダメな使い方
「ご飯行こう（笑）」
「今日楽しかったよ（笑）」

意外といるよ
こういう人…

まとめると……
やってはいけない
LINE

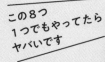

この8つ
1つでもやってたら
ヤバいです

1. 長文 ……ワンスクロール以上打つな

2. 日記 ……付き合う前にあなたの日常に興味なし

3. おじさん構文 ……ビール🍺すし🍣❗💕😄😆

4. 追いLINE ……未読状態でさらに「おーい！」「元気？」

5. 送信取り消し ……何度も消すのはメンヘラ

6. 詮索 ……「○○ちゃん今日何してたの？」
　　↑ストーカー気質ぽい

7. 長々続けようとする ……付き合う前は業務連絡か誘うのみ

8. (笑) ……「ご飯行こう(笑)」
　　↑その自信のなさがダサい

LINE は「会うためだけ」に使え

オンラインで惚れさせるテクニックなんてない

ここまでさんざん LINE にダメ出しをされて、心が折れかけてきましたよ……。ＮＧはわかったんですが、じゃあ結局、どういう LINE をすればいいんですか？

簡単ですよ。**正解は1つしかありません。**

え？　たった1つだけ？

そうです。正解は**「会うためだけに使う」**です。もうちょっと正確に言いましょう。**「デートの約束をするためだけに使う」**が正解ですよ。

でも、LINE で仲良くなってからじゃないと、デートに誘いづらくないですか？

それが大間違い。多くの男性は LINE で仲良くなってから、デートや食事に誘おうとしますが、順番が逆です。**LINE で惚れさせるとか、オンラインで口説こうとか、それは自分への自信のなさであり、その回り道が女性からは気持ち悪がられます。**

ガーン……。逆なんですね。

恋愛の目的は一緒にいること、いちゃいちゃすること。本能的に言うと生殖のためのものですよね。だから**「オンラインでは戦わない、リアルで会うために使う」**と覚えておいてください。

「交際前」と「交際後」で使い方は変わる

　LINEには**「業務連絡」**と**「コミュニケーション」**という2種類の使い方があります。

　業務連絡とは、例えば「ご飯行こう」と誘ったとします。すると、「いつにする？」「○日はどう？」「○時に新宿ね」などと実務的な連絡のやりとりをする使い方です。

　一方、コミュニケーションは「今日仕事でこんなことがあったよ」「今日オムライス食べて美味しかった」「こんなマンガがあるから今度読まない？」という気持ちや意見の伝え合いです。

　この2種類の使い方を整理しますね。**女性と付き合う前には、LINEは業務連絡として使います。実際に必要な連絡オンリーです。**

　もし、**女性とお泊まりやエッチをしました、お付き合いが始まりましたとなったとき、LINEはコミュニケーションツールに移行します。**

　お付き合い以降、つまりあなたが「彼氏」のポジションになったとき、女性は「あの人、何してるんだろう？」「今日も元気だったかな？」などあなたの行動に興味が出てきます。でも、お泊まりの前、付き合う前は、あなたの行動に一切興味はありません。

　2種類の使い方は理解できましたか？　そう、あなたに興味を持ってもらうためにも今はLINEでだらだらしている場合じゃないんです。早くデートに誘ってください。

対女性との LINE の使い方

交際前
業務連絡のみ

来週ご飯行こうよ

交際後
コミュニケーション

長々やるのは付き合った後‼

「業務連絡」と「誘う」だけでいい

　それではモテる男の LINE の使い方を発表します。

　1 つ目は会うために必要な最低限の情報収集です。「いつ休み？」「どの辺りに住んでるの？」「苦手な食べ物はある？」「お酒を飲める？」などの最低限必要なことをやりとりします。

　そして、2 つ目は「女性をデートに誘う」こと。モテる男は「ご飯行こう」「お茶しよ」「飲みに行こうぜ」と、とにかく誘うんです。

　では具体的に、モテ男はどんな文面で誘うのでしょうか？

　狙った女性と連絡先交換をして、LINE が始まります。そこからは **LINE で「何が好き？」「どの辺りに住んでんの？」「いつが休み？」「そうなんだ。今度この辺りで、食事しない？」以上で終了です。たったこれだけです。**

　逆に、**女性を落とす魔法の LINE 文章術などはありません。**

　情報を得て、女性を誘い、エスコートするだけです。みなさん、特殊な技術や文章術や心理操作なんかがあると思いがちですが、違います。それをオンラインでやろうとするからモテないんです。とっとと誘いましょう。業務連絡なら女性からも返信があります。

　これこそ今日からできる、モテるための LINE です。最速でリアルの勝負に持ち込み、会って話しましょう。

「オンラインで仲良くなる」は幻想である

　繰り返しますが「オンライン」では女性と仲良くなれません。そんな行動をとっていると、女性は「自信がないんだな」「（リアルで）誘ってこないな」と思います。

　「いやいや、ジュンさん、まだ仲良くなってないんで……」と言い訳する人もいますが、違うんですよ。LINE ではいつまでも仲良くなれないんです。順番が違います。

　デートに行くから仲良くなれるんです。

　もっと極端なことを言うと、エッチしたから好きになるんです。人間が変わるのは、先に現実を動かして、後から心がついてくるという順です。前述しましたが、心理学で「認知的不協和の解消」といいます。

　とっととアクションしましょう。すると「この人はモテるんだな」と女性が感じます。これこそが、女性の求めている男の姿です。

　「さっさと行動する」ことを意識すれば、自然とモテる LINE ができます。

第2部

恋愛の「4つの壁」を乗り越えろ

その3　2回目デート

College of Love

2回目デートでやるべきこと5つ

「付き合う」まで持っていくために

2回目のデート設計は重要です。この2回目で、**相手が心や体を許して、付き合う状態まで持っていけます。**

えっ？　2回目のデートでもう？　4、5回ぐらいデートを重ねたほうがいいのかと思ってました。

時間をかけすぎるのはいけません。女性の本能は「この男性はチャンスがあるのに踏み込んでこない」と判断します。 オスとしての魅力という観点からするとかなり減点を食らいます。よほどのトラブルが起これば3回目デートに持ち越しですが、基本は2回目のデートで「付き合う」まで持っていけます。

マジですか！　おお〜緊張するなぁ。僕も付き合えるんですね。

2回目デートでやるべきことは5段階です。 この流れが頭に入っていれば、迷いがなくなりますよ。順番に解説していきましょう。

大事なのは「あなた自身が迷わず自信を持つ」

　2回目デートでの流れを簡単に説明しましょう。

　まずは①**「1回目のデートの再生」**です。「そういえばさ、前回の話で思い出したんだけど……」と過去の話、恋愛話をなぞって女性に思い出してもらいます。今回のメインは②**「より深い恋愛話」**です。会話に「逆脈ありサイン」（122ページ参照）を打ち込んで相手をドキドキさせましょう。

　1軒目を出た後は、③**「移動」**です。相手の女性に「明日早いの？」「もう帰る？」と聞き「時間大丈夫です」「任せます」などの合意を得たら「もう1軒行こう」と2軒目に誘いましょう。

　2軒目では、「今度ここ行こうよ」や「今度一緒にこれやろうよ」という付き合っている姿がイメージできる④『未来の話』をします。

　最後は、⑤『クロージング』です。告白したり、家やホテルで体を重ねたりします。これで付き合うことができます。おめでとうございます。この順番、構成を頭に入れてください。完璧にできたらモテ男ですが、半分ぐらいできれば、ほぼ大丈夫なクオリティのデートになります。

　大事なのは、2回目デートでやるべきこの5段階の構成を覚えること。そうすれば、あなた自身が迷わずに、自信を持った行動ができます。その余裕があなたをより魅力的に見せるのです。次のページからこの5段階を1つずつ解説していきます。

2回目デートでやるべきこと

①前回のデートの再生
・初回デートのドキドキを思い出してもらう

②より深い恋愛話
・「逆脈ありサイン」を打ち込む

③移動
・相手の合意を正しく読み取り、2軒目につなげる

④未来の話
・未来を語り、女性を安心させる

⑤クロージング
・告白、付き合う

2回目デートでいっきに行きますよー

えっ2回目でもう付き合えるんですか!?

2回目のメインは「より深い恋愛話」

前回デートを振り返りつつ、早めに恋話に移行

2回目デートの最初は「初回デートの再生」です。
これは、連ドラやアニメでも冒頭で前回のダイジェストをやるのと同じなんです。前回のデートのドキドキを思い出してもらいましょう。

しかし、何をしゃべればいいんでしょう？

初回デートの流れでいいんです。あいさつをして「今日も服がカワイイね」と褒める。「仕事の帰りなの？」などと仕事の話から「休みは何してたの？」と、趣味、休日の話をします。
「そういえばさ、前回の話で思い出したけど、小学校のときこんな話あったね」など、過去の話、恋愛話へとつなげていきましょう。

しかし、どうやったら話が盛り上がりますかね。

2回目デートのメインディッシュは「より深い恋愛話」です。目的は相手の女性と恋愛関係になること、そのためにはひたすらに恋の話を盛り上げましょう。特に昔、恋をしていた時期の話を聞くことで、そのときの感情やドキドキ感を思い出してもらえます。

ジュン先生、僕も初恋を思い出してドキドキしてきました。

そうでしょう。相手の恋愛の価値観に迫りましょう。「前の彼氏とはなんで別れちゃったの？」みたいな質問や「こんな男はムリ！　ってある？」なども盛り上がりますよ。

「こんな男はムリ！」の話をあえて深掘る

2回目デートでは「こんな男はムリ！」を相手の女性から聞き出して恋愛話を深掘り していくのがポイントです。例えば、前の彼氏との別れ話から、タイプでない男の話に つなげるのは簡単です。相手も人生経験がありますから、話題もたくさんあるはずです。

具体的に「こういう男の性格がダメ」「生理的にムリ」などを聞いていくと、相手も 答えやすいんです。

いきなり「どんな男性がタイプ？」と聞いても、女性自身も自分でわかっていないん ですよ。恋愛感情とは本能からくるので、自己分析するのが極めて難しいんです。

より深い恋愛話

「初恋ってどんなだった？」

「前の彼とはなんで別れたの？」

「こんな男はムリ！ってのある？」

ムリ！な男の 話から

「異性にキュンとくる瞬間は？」

「どういう人が男として いいなって思う？」

タイプを 深掘りする

逆に、「ちなみに前の彼氏とはなんで別れたの？」「何がムリだったの？」「じゃあさ、 他に、こんな男ムリっていうのはある？」という感じで聞いていくと盛り上がりやすい ですね。そこから、**「じゃあ逆に、どういう人がタイプ」「キュンとくる瞬間」「ヤバい 好きになりそうかもという瞬間」**なども聞いていけます。

女性がタイプの人を答えやすくなる質疑や会話の展開をやってあげるとすごくスマー トだし、相手も会話していて楽しいですよね。

これは「仮想敵の共有」というテクニックを使っています。

昔いたヤバかった男 vs 私たち、という構図を作ることで、私たちの結束を強めるこ とができます。仕事終わりに同僚で、上司のグチを言いながらお酒を飲む、というのも 仲良くなる光景としてよく見ますよね。

恋愛話で「逆脈ありサイン」を打ち込む

 恋愛話が盛り上がっていても、それだけでは次のステップに行けません。

 そうですね。女性側が○Ｋかのサインを知りたいです。

 おお〜。藻手内くんの成長を感じます。
そうです、この場面では、**自分のことを好きになってもらわないと困ります。**だから**「逆脈ありサイン」**を使いましょう。

 聞いたことがありますが、なんでしたっけ？

 これは忘れちゃダメです。
「この子、僕のこと好きかな？ 脈はあるかな」と男性から気にするのではなく、男から「脈ありサイン」を送るんです。恋愛の可能性があることを女性に気づかせたほうが、あなたに興味を抱いて、恋愛感情を持ってくれます。ぜひ、**「カワイイ、好き、嬉しい」という３つの単語を織り交ぜ、彼女と話してみてください。**

 それだけでいいんですか？

 最初はそれでいいです。さらにもう少し具体化した「逆脈ありサイン」でひと押ししましょう。例えば「どんな男がタイプ？」のトークで**女性の「こんな男がタイプ」をひと通り聞いた後に「はいはいはい、それって僕ですね」と遠慮なく言い切ります。**これは95％ぐらい冗談なんですが、そこに対して「僕ですね、それって」と堂々と言えるのって、自信がないとできません。
逆に、**あなたが「好きな女性のタイプ」を聞かれたら、目の前のその女性の特徴を答えます。**「少しだけ茶色に染めたショートカットで看護師さん。○○駅近くに住んでる５月生まれの26歳がタイプですね」と言うと、相手は「それって私でしょ」となります。

すごくアクティブなテクニックですね。
そんな強引に攻めていいんですか？

恋愛の会話でのファンタジー、茶番は、どうでもいい話なんだけど、ちょっとドキドキするっていうのがいいんですよ。あくまで、本気なのか冗談なのかわからないテンションが大事。
「逆脈ありサイン」はこんな感じで相手にわからせていいんです。そうじゃないと、彼女に気持ちは伝わりません。**女性がキュンとくる瞬間、人を好きになる瞬間とは、男性が「逆脈ありサイン」を出したときなんです。**「この人と恋人になれるかもしれない」という可能性に人間はハマるんです。

なるほど、勉強になります。

重要なのは恋愛話を盛り上げつつ、要所要所でこの「逆脈ありサイン」を打ち込んでいく、ということです。

恋愛話での「逆脈ありサイン」!!

（例）好きな異性のタイプは？

・**女**「面白くって私を大事にしてくれる人」
　　　　↓
　男「あー僕ですね」

・**女**「○○くんはどんな人が
　　　好き？」
　　　　↓
　男「ショートヘアで看護師……
　　　（その女性の特徴を言う）

俺たち絶対
合うやん！

2軒目につなげる鉄板フレーズ

1軒目を出たときが「答え合わせ」の時間

2回目デートでの1軒目は、時間としては90～120分ぐらいで終わらせましょう。

気になるのは次、2軒目ですね。

そうです。1軒目は話ができて、恋愛っぽい雰囲気になっていればOKです。

では2軒目に行くとき、わかりやすい女性のOKな行動はありますか?

それは1軒目を出たとき、答え合わせができます。
お店を出たとき「明日早い?」と聞くんですよ。「私、帰るね」だと、その場で解散です。どんなにあがこうが、結果は変わらないのでこれは仕方ありません。解散だと、自分か女性側かどちらかに問題があったと認識しましょう。

行けるときは、OKの返事なんですね。

いや、茶番ですが、女性は演技をすることがあります。「もう帰る?」と聞いて、明確な答えを言う女性は少ないです。まれに「2軒目行っちゃおう」という子はいますが、だいたいは「うーん」「どっちでも」などが多いんです。

それは、とてもわかりづらいですね。
気弱な男性なら「どっちでも」なら、帰ってもらったほうがいいのでは……と考えてしまいそうです。

そうなんですよ。これは**女性は責任を取りたくないという特徴**か
らきています。だから、移動のときは「**ノーでなければ、イエス**」
と思ってもらって問題ありません。これが1軒目を出たときの答
え合わせのポイントです。

鉄板フレーズ!!　→

1軒目を出たときに

「明日早い？」
or
「もう帰る？」

もう一軒
行こうか

「もう帰る」

「まだ大丈夫」or
「う〜んどうしよう」

脈なし

脈あり

「帰る」という回答でなければ、次に誘う

　初デートの講義で「女性は責任を取りたくない」という話がありました（83ページ）。この行動も一緒です。**女性は「ここでOKをすると、最後まで行ってしまう可能性が高い。だから『私がOKを出した』という状態にしたくない」と考えます**。そういうときの対策は「男がリードする」でしたね。

　だからお店を出たときの女性の回答が「帰る」以外であれば、2軒目に誘いましょう。**「うーん、どうしようかな」「時間は大丈夫だけど、任せるよ」などの回答であれば、「もう少し飲もっか！」と伝え、大丈夫そうであれば2軒目に行きましょう。**

　そのとき、大事なのは**男性が「2軒目に行こう」「もう少し一緒にいよう」と決定事項を伝えることです**。女性の責任を取りたくない気持ちを理解してあげて、女性に言わせないでください。

　2軒目のお店はバー、シーシャバー、ダーツバー、カラオケなどどこでもいいですが、デート向きの静かでゆっくり話せるところがいいですね。ただ、安くて汚いカラオケボックスは論外なので、高級ではなくてもある程度クオリティが高いカラオケチェーンなどがオススメです。

「今度〇〇しようよ！」が有効なワケ

「長期的関係を作るつもりがありますよ」の意思

 2軒目に入りました。ここではどんな話題がいいでしょう？

 ここで「付き合ってください！」って告白ですかね？

 それはまだ早い。正解は「未来の話」です。
特に相手の女性と長く付き合いたいなら、近くでも遠くでも「未来の話」をしてください。

 なぜですか？

 女性の本能は男性に捨てられることを怖がっています。
女性が妊娠して男性が去ってしまったら、原始時代だったら間違いなく生きていけません。女性の本能には「捨てられたくない」という気持ちが残っているんです。

 なるほど。歴史が積み重なった本能なんですね。

 そうです。でも、**2軒目までデートがうまくいっていたら、あなたは魅力的なオスで、遺伝子をもらっておくべきと本能的に判断されています。**

 じゃ、もういけるじゃないですか。

 うん。でも、相手の女性には捨てられるかもという恐怖感があります。それが行動のストッパーとなるかもしれません。
だから「僕は長期的な関係を作るつもりがあります」という表明、つまり未来の話が必要になります。

短期的未来と長期的未来を語ろう

　未来には短期的未来、長期的未来があります。

　短期的未来は例えば次回のデートの話ですね。「今度、このカフェに行こう」「クリスマスだからイルミネーション見に行こう」「東京スカイツリー行ってみよう」とかです。**付き合ったら半年〜1年以内に実現できる簡単な未来です。**それを相手の趣味、会話内容に合わせて、インスタで話題のスポットなども含め提案してあげてください。

　もう1つの**長期的未来**は、3年後、5年後、10年後、老後などの期間の長い未来です。「どこか旅行したいところある？」「北海道ならどこに行く？」「老後にキャンピングカー買いたい」など、調べながら一緒に旅行気分を味わいながら話してください。

　未来の話で**重要なのは、一緒に行っている映像やイメージを想像させることです。**カフェ、イルミネーション、スカイツリーなどの情景が想像できれば女性は安心します。これは、付き合ってからも、「今度○○食べに行こう」「あの映画を観に行こう」などずっとやり続けることがポイントです。**女性には「次がある」と意識させればOKです。**

　2軒目では、まず短期的未来で盛り上がって、長期的未来の話を展開していってください。未来の話まで行くと、やるべきことはもうできています。あとは告白、クロージングのムード、雰囲気を作るだけです。

短期的未来 & 長期的未来 を語れ！

「今度あの店
行こうよ！」

「旅行してみたい
ところある？」

「一緒にビリヤード
やろう！」

「北海道なら
どこに行く？」

カフェ

旅行

北海道

ワイ
ワイ

ビリヤード

「ヤリ捨て恐怖」と「ビッチ恐怖」

2回目のデートも順調に進み、女性も「この人だったら付き合いたいな」「この人だったら今日は朝まで一緒にいてもいいかな」という気持ちになっていたとします。

しかし、そこで簡単に付き合えたり、お泊まりできないのが、女心の難しいところ。最後に「本能的2つの恐怖」を取り除いてあげることが必要です。

それが「ヤリ捨て恐怖」と「ビッチ恐怖」です。

ヤリ捨て恐怖

原始時代では、子どもができた状態で男性に捨てられてしまうと、食料や安全が確保できなくなり生命の危機に瀕してしまいます。

女性の本能には**「ヤリ捨てされたら困る」**という意識があるのです。

なので、デートを通して「僕は、次も考えてるよ」「長く一緒にいたいと思っているよ」ということをあの手この手で伝えてあげる必要があるのです。

そこで使えるのが、前ページでご紹介した未来トークなのです。未来に対するワクワク、楽しさを与えると同時に「この人だったら大丈夫」という安心感を作っていきましょう。

ビッチ恐怖

第1部でお伝えしたように、恋愛感情は子孫繁栄を目的にしています。そのため女性本能は「自分の卵子を高値で売る（レベルの高い男と交尾をする）」ことを考えます。

このとき、誰とでも交尾するメスが現れると、オスがそのメスに群がってしまい相対的に卵子の価値が下がってしまいます。

ある店が安売りを始めたら、周りの店も価格を下げないと売れなくなる、ということ。なので女性たちは、**ビッチを叩き、村八分にする習性**を獲得しました。同時に**「軽い女だと思われたくない」**という意識が生まれたのです。

だから「僕は誰でもいいわけじゃない」「君だからこうやって時間をとってデートに来た」「楽しくなかったら2回目誘わないし、1軒目で帰ってる」と言外にでも伝えて、女性の自己重要感を刺激するべきなのです。

「脈あり」「脈なし」を見抜くには

コレされたら「脈なし」です

　ここまでデートをしてみて、相手の女性の脈がありか、なしかは気になりますよね？もし脈なしなら「ダメならダメで、次に行こう」と前向きにも考えられます。脈ありならガンガン勝負に出て、「今日は一緒にいよう」「付き合おう」と言えます。見抜けたら、女性からしても魅力がある男性に見えます。

　脈が見抜けるというのは、女性慣れし、女心を理解するということです。つまり、それだけでモテるんですよ。

　では見抜く方法です。

　まず、**「他に好きな人がいるの」「今は恋愛の気分じゃない」「ちょっと彼氏とか考えてないな」「友達として好き」**……これは脈なしです。

　もしくは**「デートまではいけるけど、エッチできない」「ホテルに誘ったら断られる」**のも、脈なし。

　残念。**「あなたは本命ではございません」**と言われているようなものです。

　脈なしはなんとなく想像がつきましたね。では、次に女性からの脈ありのサインについて考えてみましょう。

コレ脈なしです

残念
本命ではなかった
ということです

うぅぅ…

・「他に好きな人がいるの」
・「今は恋愛の気分じゃない」
・「友達として好き」
・ホテルに誘ったら
　断られる

「脈ありサイン」は2種類ある

「脈あり・脈なしサイン」では多くの人が勘違いをしています。それゆえ、脈なしなのに勝負をかけたり、脈ありなのにその日のデートはあきらめて解散しちゃうことがあります。

実は、**脈ありサインには「アクティブサインとパッシブサイン」の2種類**があります。

アクティブサインは女性から男性へ、積極的に「私今日いける」「あなたのことが好き」と、発せられるサインです。

逆に、パッシブとは受動的という意味です。パッシブサインは例えば「誘っても断らない」など男性からのアクションに対して女性の反応からわかるサインです。

そして、**「アクティブサインは個人差が大きく参考にならない」ことを覚えておいてください**。女性からのボディータッチなどがアクティブサインなんですが、普段から男性にガンガンボディータッチをする女性はいますよね？　盛り上げ上手でコミュ力が高い女性もいます。

反対に、脈ありだけど、恥ずかしすぎてボディータッチができない女性や話せなくなっちゃう女性もいます。このようにアクティブサインでは、個人差が激しく、それだけでは脈のありなしの判断ができないんです。

だから、男性から、女性の脈の反応を確認するパッシブサインを確認しましょう。

脈ありは、相手から待つのではなく自分から探しに行くものなのです。

それでは、具体的にどうするのか、その5つの方法を次のページでご紹介します。

アクティブ（積極的）サイン

- 女性からのボディータッチがやたら多い
- やたら質問が多い
- 「カッコイイですよねー」
- 「モテるでしょ」

→ 意外とアテにならない！

パッシブ（受動的）サイン

- 誘っても断らない　受け入れてくれる（食事、ボディータッチ、手つなぎ etc.）

→ こちらから確認しに行け！

「脈あり」を見抜く5段階

脈ありを見抜く方法をレベル1～5でお伝えします。

● レベル1：食事に誘う

プライベートで食事に誘って、女性がOKすれば、脈ありのレベル1クリアです。女性が男と2人きりでご飯に行くのは、あなたに興味があるからです。女性は「この男性と仲良くなれるかな」と判断するために食事をしてくれるのです。

● レベル2：体の距離を近づける

体の距離を近づけてみましょう。人間のパーソナルスペースは、50センチから1メートルぐらいと言われます。普通なら、距離が近すぎると不快感を覚えます。**パーソナルスペースに入ってきても気にならないのは、家族か恋人ぐらいです。** レベル2では、デート中に体を近づけてみて「相手がどんな反応をするか」見てください。**彼女がもう一度距離を離すような動きをするのか、なんとも思っていないのか。これで1つの判断ができます。** だから、デートでは横並びのカウンター席がオススメです。

● レベル3：2軒目に誘う

レベル3では「**楽しかったね。もう帰る？**」もしくは「**明日早いの？**」という「**魔法の言葉**」を投げかけてみましょう。相手の女性が脈なしなら「**そうだね、帰ろっか**」となります。脈ありなら女性は「**うーん**」と迷っている雰囲気を出します。もしくは「まだまだ時間大丈夫」「明日はゆっくりだから」となります。後者はともかく、女性が時計やスマホを確認して迷っているとき。これが脈ありのサインなんです。女性は自分から言わないんですよ。だから迷っているときは「少しだけ2人で飲もうか」と誘ってあげてください。

● レベル4：手をつなぐ

2人で歩いているとき手をつないでみて、そのときの反応を見ましょう。振りほどかれたらNGです。あきらめて帰りましょう。手をつなげているときも、OKのとき、NGのときがあります。**OKのときは、向こうも握り返してきます。NGのときは、女性が握り返してこないパターンで、これは脈なしに近いです。**

● レベル5：キスする

手をつなげたら、人のいない場所やカラオケなどでいい感じの雰囲気を作りましょ

う。そして、**いよいよ「キス」もしくは「キスするふり」をしてみてください。**キスに入る体勢で相手が抵抗するかしないかの反応を見てください。**もうここでは、「いけたらOK」「ダメならイヤがられている」の2択です。**

この5つをモテ男は1つずつ順番にやります。それが重要です。途中でダメだったときに「今日は解散してもう一回やり直す」作戦もとれますね。

　一方、モテない男性は5つのアクションをすっ飛ばします。いきなり「好きです、付き合ってください」とか、言っちゃいます。脈ありかどうかわからないし、女性も「急に来られてもムリ」となります。**この5つを順番通りすると女性の抵抗が少ないんです。**

失敗のリスクとどう向き合うか

「いやジュンさん、手をつなぐのも、キスするのも怖いです」と思う男性もいるでしょう。この恐怖を超えられるかどうかがポイントです。デート、手つなぎ、キスは、失敗のリスクがあります。でも女性は「それを乗り越えて、私のところに来て」と思っているんです。

　生物学では「多産性がある男は失敗のリスクを超える性質がある」ことが明らかになっています。デートはある意味テストなんです。だから男性が恐怖を抱く場面はチャンスです。**それを超えられたら、女性の本能は「多産性OK。子孫が繁栄しそう」と判断するのです。**次の2つを意識してください。

　1つ目は脈のあり、なしが見抜ける「女心の理解」です。男性とまったく違う女性の心理を勉強しましょう。

　2つ目はモテる人の「リスクを取る思考」です。モテない人は「仲良くなったらデートに誘おう」「今はやめておこう」と行動を先延ばしにします。でも、**モテ男は「怖いけど、リスクを取ってでもやるべき」と行動できるんですよ。**この違いを女性は見ています。

　僕も失敗することはあります。でも、ミスは成長につながります。ミスした点を改善すると、次回の成功率は上がります。とにかく行動を起こさないと成功にたどりつかないことを自覚してください。

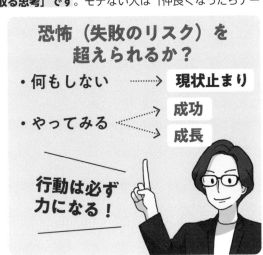

恐怖（失敗のリスク）を超えられるか？

・何もしない ……→ 現状止まり

・やってみる →成功
→成長

行動は必ず力になる！

「告白」はどうすべきか問題

告白は必ずしもマストではない

すでにデートのクロージングに入っているので、あとはその場の雰囲気と思いついた言葉で進めて問題ありません。逆脈ありサインをどんどん強めていってください。例えば **「こんなに話の合う女性はなかなかいない」「〇〇と付き合ったら絶対楽しいと思う」「めっちゃ楽しかったし、俺も好きになりそう」** などです。

特に手や肩が触れ合っていたり、相手の頭が自分の肩にもたれかかっているようなときは、ズバズバと逆脈ありサインのセリフを言いましょう。こういうことを言っていると、もう仕上がります。

もちろんあなたも、相手もドキドキ感はマックスでしょう。この恋愛特有のファンタジーな世界を女性はすごく楽しんでくれます。

もし告白するんだったら、サラッと言いましょう。

例えば、**「というか、もう好きなんだけど」「〇〇ちゃんさ、付き合おうよ」。**

こんなふうに軽くポンッと言ってあげると、よりドキッとするんじゃないでしょうか。ただし、告白はマストではありません。

女性本能は「自分よりも格上の男」を求めている

このクロージングの段階で、**オススメできない行動が1つだけあります。それは「お願いする」** ことです。「お願い」以外ならなんでもいいんです。**実際、告白をする前に勝負は決まっています。**

「好きです。付き合ってください。こんな僕ですが、よろしくお願いします！」 みたいな告白はやめておきましょう。その告白は今後のことを考えるとよくありません。**なぜなら、男性が圧倒的に格下で、しもべとなってしまうからです。**

第1部でお話しした通り、人間は本能的に自分よりも優秀な遺伝子を求めます。尊敬する対象の人、格上の人に恋愛感情を持ちます。

女性は、自分が好きになった人、自分がいいかなと思う人には格上への憧れを持っています。それなのに「好きです、付き合ってください」と「お願い」されたら交際後の力関係もおかしくなります。

「オレのカノジョでいいでしょ」「付き合おうぜ、オレら」というスタンスのほうが、女性も嬉しいのです。

女性の立場からすると「尊敬する格上の人が、私をいいと褒め、付き合おうといっている」と感じると、本能的に満たされ「嬉しい」となるわけです。

告白は相手のため、という考え方

告白が成功するレベルまで好意があるのであれば、あとはやりたいようにすればOK。そのまま告白して付き合うでも、ホテルに行くのも、自分の家に行くのも、一緒に朝まで過ごすのも自由です。

ただし、**告白は「自分が付き合いたいからイチかバチかでする」ものではありません。** 女性が「あなたと付き合いたい」と思っている状態で、その心理を察してしてあげるものです。

自分のためではなく、相手のため。このマインドを忘れないでください。

クロージングのセリフ

- **逆脈ありサイン**　「こんなに話が合うことなかなかないよね」
「○○ちゃんと付き合ったら絶対楽しいと思う」
「もう好きになりそうやわ」

- **告白するなら**　「好きなんだけど、カノジョになってや」
「○○さ、俺のカノジョになれる？」
「付き合おうぜ、オレら」（あえて告白してあげる）

付き合おうぜ

異性をドキドキさせる褒め言葉

女性にモテる会話法はこの2つ！

「質問」「リアクション」が最重要

「笑わせる」のではなく、「聞き役にまわる」

 藻手内くん、補習は好きですか？

補習はできない生徒がやるものですよ。好きな人はいないですよ。

 いや、この補習はね。女性に好きになってもらうための会話術です。「初対面で話すことがない」「デートで話が途切れ、沈黙になる」という方にお送りします。このスキルは初デートだけでなく、付き合っても、結婚しても、必ず役に立ちますよ。

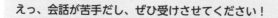

えっ、会話が苦手だし、ぜひ受けさせてください！

 まずよくある間違いの1つ目は「笑わせようとすること」。僕たちは芸人じゃないのですべらない話をしなくていい。**笑わせるのではなく「楽しませる」会話術を解説します。**

なるほど、それは奥が深そうですね。

いかに気持ちよく話してもらうか

　みなさんが勘違いしていることの1つに「どういう話をすればデートで女性は楽しんでくれるのか」があります。**女性を楽しませるには、「話したいことを話させる」「気持ちよく話してもらう」のが、一番の方法です。**女性はしゃべっているときが楽しいのです。話を聞いているときは「早く話したい」と思っているんですね。

　これは男女の違いです。原始時代、男は狩りをして食料を確保します。これは食料という目的に一直線です。女は集落に残り「あそこに木の実と水がある」など情報交換をして、コミュニティを維持・運営していました。これは現代にもあります。近所での井戸端会議は、僕の母親もやっていました。女性たちは3時間、4時間と話すのがざらでした。

　男性の会話は目的を果たすための手段です。女性は、会話自体が目的なんです。女性は本能的に話すのが楽しいんです。僕たちは女性が話すのをサポートすればいいんです。

　女性は何について話したいのでしょう。その相手の感情が動いた瞬間の話を引き出してください。「友達から○○という話を聞いてこんな楽しかったんだよ」とか、「上司がこんなにムカつくんだよ」と、とても楽しそうにしゃべります。われわれ男性は何をすべきか。「そうなんだ！」と、リアクションすればいいわけですね。

　1つ重要なのは、女の子が楽しそうに話しているとき、「マジで！　それって、めちゃ

137

くちゃいいじゃん！」とテンション高く言ってあげてください。モテない人は「へー、そうなんだ」という反応をしています。このリアクションの違いが超重要です。

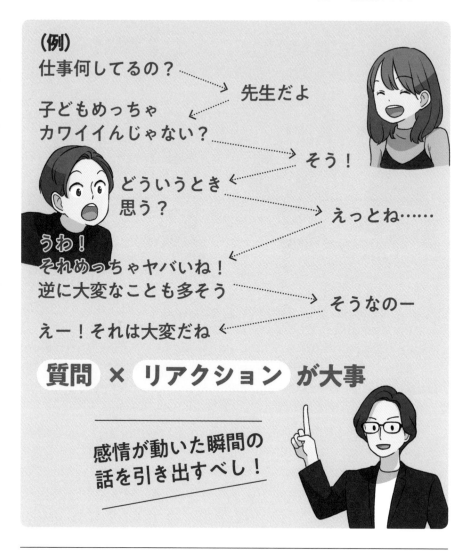

（例）

仕事何してるの？　　　→　先生だよ

子どもめっちゃ　　　　←
カワイイんじゃない？　　　　　→　そう！

どういうとき　　←
思う？　　　　　　　　　→　えっとね……

うわ！　　　　　　　←
それめっちゃヤバいね！
逆に大変なことも多そう　…→　そうなのー

えー！それは大変だね　←

質問 × リアクション が大事

感情が動いた瞬間の
話を引き出すべし！

「面白い芸人」でなく「リアクション芸人」を目指せ

　芸人ではなく一般人である私たちの会話を盛り上げるための方法は、リアクション芸です。**話は面白くなくてもいいので、「リアクションがいい人」になってください。**
　リアクションがよければ女性は（男性もですが）ついついしゃべります。欧米人のようにわかりやすくオーバーなリアクションを目指しましょう。

デートの会話で、女性にいいことを話してもらった後には、「仕事はどう？」「サービス残業ある？」「親子関係の悩みはどう？」などマイナスのことも聞いてあげてください。そして「それめっちゃ大変‼」「それはウザいな」と共感し、リアクションしてください。

デート中に僕たちがやることは**「質問とリアクション」の2つしかない**んですよ。ポジティブな話では、「すごいな、もっと聞かせて」、ネガティブな話では「それはヤバい、キツすぎて仕事辞めたくなるね」などこんなリアクションでOKです。

「リアクションでなぜ男を好きになる？」「こんなのでいいの？」という男性からの疑問がありますね。**女性はデートの成功、失敗の基準を「私を楽しませてくれるのか？」に置いています。楽しくしゃべらせてくれる相手は「いいな」と思います。**

また、心理学でいう「認知的不協和の解消」も使いましょう。自分の中に矛盾した状態があると、人はその認知的不協和を解消もしくは低減させようとします。ここでは、**認知的不協和は女性の「初対面なのにたくさんしゃべってる」です。これを解消するために女性は「私はこの男性に心を開いているのかな」と思い込みます。**

この状況を作り出すためのデートにするには、リアクションで話を聞きまくることが重要です。これぞ口説き方であり、女性を楽しませる会話ができる男は必然的にモテることになります。

口説き文句やテクニックより大事なこと

デート中の会話と態度は、結局何が正解なのでしょうか。

結論からお伝えします。

デート中の楽しい会話ができるマインドの根本は、**「サービス精神」**であり、これこそが正解です。**目の前の女性に楽しんでもらおう、しゃべってもらおう、どんな話題ならいい話ができるんだろう。これらはすべてサービス精神です。**このサービス精神のあるなしが、モテる男性、モテない男性で決定的に違うところです。

口説き文句やテクニックを使って、お持ち帰りをする男性もいますが、自分のことしか考えていないので、その後うまくいきません。それこそ逆です。相手のことを考え、思いやって、とてつもなく女性にサービスして楽しんでもらった男性だけがモテるのです。

目の前の女性にサービスし、奉仕する意識を持ってください。デートに来てくれた女性に日常を忘れるくらい楽しい時間を提供しましょう。われわれは、そのための演者であり、エンターテイナーであり、ホストなわけです。そのために質問とリアクションで女性の感情が動いた瞬間を掘り下げられるような会話力を身につけ、サービス精神を忘れないようにしましょう。

女性への７つの褒めポイント

「気持ち悪い」と思われるＮＧな褒め方

藻手内くん、次は女性の褒め方です。褒めるというのは人間関係のベースになるスキルです。社会的な成功者は例外なく褒め上手です。あなたも褒め技術をぜひ身につけてください。

僕も成長しましたからまかせてください。ずばり女性は「ボインだね」と褒めましょう。

おいおい。昭和のセクハラ部長じゃないんだから、思い切りＮＧです！

調子に乗りすぎました……すみません。

褒め方のＮＧトップ３は「顔カワイイね」「美人だね」「セクシーだね」です。理由は性欲をダイレクトに向けられて気持ち悪いからです。女性の立場になって考えてみてください。

なぜ「褒める」のが大事なのか

「なぜ褒めることが有効なのか？」を知っておきましょう。**褒めるのが有効な理由に「自己重要感」があります。**これは、**自分自身の価値を実感したい気持ちや、自分はここにいていいと思う気持ちです。**ポイントですが、自己重要感は人との関わりでしか実感できません。例えば、自分の活躍のおかげで、チームが勝ちました。仲間から「お前が点を決めてくれたおかげだぜ」と言われたら嬉しくて、自己重要感が満たされます。人間は自己重要感があるから、人と協力するんです。**これを満たす要素は「褒める」ということ。褒めることができる男性は人を魅了できます。**

自己重要感

褒め方は2つあります。**1つ目は「先天性」ではなく「後天性」**。先天性とは生まれ持った顔の作り、体のスタイルなどです。後天性は勉強、資格など努力によって積み重ねて獲得したものです。**もう1つの褒め方は「ナンバー1」ではなく「オンリー1」です。**ナンバー1は競争での1位、オンリー1は「僕にとって唯一」という部分です。

特に女性の自己重要感を満たす褒め方は**「後天性」と「オンリー1」**です。「先天性」と「ナンバー1」は女性に嫌われるので気をつけましょう。では、**7つの褒め方を今から解説していきます**。

①「見た目の努力」を褒める

女性はキレイになるため、カワイイと言われるために日々努力をしています。その努力こそが、まさに後天的な努力。**「頑張っている見た目」を褒めてあげると「この男性はわかってくれる」と感じてもらえます**。

わかりやすい部分で言うと、**「髪型変えたんだ。似合ってるね」「ネイルいいじゃん。夏っぽいね」など、目に見える部分を褒めましょう。**髪型やネイルこそ、その女性が頑張っている部分だから、言われると嬉しいんです。

②「気遣い」を褒める

2番目は女性の「気遣い」を褒めましょう。

例えばデート中、女性が飲み物を頼んでくれたり、料理を取り分けてくれたりしますね。女性も緊張しつつも、周りを見て、どういうふうに振る舞ったら「いい気持ちになるかな」「いい時間になるのかな」と、考えてくれているわけです。素敵ですよね。**こういう気遣いをしてくれたときに「ありがとう。嬉しいよ」と、ひと言を伝えられる男になってください。女性の自己重要感が満たされます。**

③「未来への努力」を褒める

3番目は女性の「未来への努力」をちゃんと見てあげましょう。あなたが出会う女性にも人生や未来のプランがあります。例えば、「資格を取ろう」「仕事を一生懸命しよう」

などという目標ですね。未来に対する努力の多くは実現していません。まだ誰にも認められていません。**つまり、後天的に頑張っているのに誰も見ていません。それを発見して、褒めることができるとモテます。**将来を見据えてコツコツと努力していることは、パッと見ただけではわかりません。ちゃんと見てあげて、褒めることができると、女性は「この人に出会えてよかった。もっと見てほしい」と思います。

④「君といると楽しい」

デート中、女性は、男性に楽しんでもらえているのか不安です。そんなとき男性から**「僕はあなたといて、とても楽しい」と言葉で伝えることで、感情的な価値を相手にわからせることができます。これは周りと比較しているのではなくオンリー1です。**

これで女性の自己重要感が満たされます。なぜなら、僕はあなたのおかげで元気になったと言われたからです。女性からすると「人の役に立った」と思えます。「もう○時なん！○○ちゃんといたら時間一瞬だったわ！」などと伝えてあげましょう。

⑤第一印象とのギャップを見つける

人は第一印象で決めつけられることが多いです。なぜなら、内面を知るほど付き合いが深くなることがあまりないからです。人には二面性やギャップがあり、第一印象と違う内面を持っています。

例えば「友達が多くて活発そうな子だな」と思っても、１人の時間を大事にしているはずです。だから「意外と１人の時間も好きなんだね」と言ってあげるのが大事。今回に関しては「褒める」というより「言ってあげる」に近いです。すると**「この男性は私のことちゃんと見て、理解してくれる」と、女性に好印象を持たれることがあります。**

⑥「君だけだよ」

オンリー1、「君だけだよ」という特別扱いです。あなたが見た目やコミュニケーション能力を磨くと、女性から「モテそう」と言われるでしょう。それは「よしっ！」と受け取ってください。そのタイミングで**「昔は遊んだこともあるけど、最近の僕は『いいな』と思った女性としか食事をしないよ」**と漏らしてみましょう。今現在デート中のはずです。すると、**女性は「私が選ばれている」**と気づきます。このように「君は特別です」と伝えることこそが、相手の女性を「オンリー1」と自覚させるのです。

⑦相手の言ったことを覚えている

女性が「こういうのを食べたいな」「あんな場所へ行きたいな」といった、食べ物や場所を覚えておき、「○○を食べに行こう」「○○に行こう」と提案してあげましょう。

彼女のオススメ映画や音楽、YouTube などもチェックして、「あの映画観てみたけど、よかった」とフィードバックの行動までを 1 セットと考えるべきです。女性は「よかった。役に立った」と、自己重要感が満たされます。

「復習・アウトプット」と「自分がやる」

お伝えした 7 つの褒め方ですが、現状のみなさんは絶対にできないと思います。今は、僕が情報をあなたに書いて伝えただけです。褒めることができるようになるのは別のステップです。モテ情報を集めるだけでは、モテるようにはなりません。身につけるためには、「復習」と「アウトプット」をしてください。

モテ情報を集めるだけではモテない！

場数を踏んでアウトプット

復習・アウトプット「自分でやる」ことが大事！

7 つの褒め方は、読み終わった瞬間にみなさん忘れます。特殊な脳を持っていないと 1 時間後には覚えていません。脳科学の研究で明らかにされましたが、7 回以上復習すると定着するそうです。

アウトプットも有用ですが、1 回目はうまくいかないので、いきなり本命で試さないでください。受講生の方の感覚では、10 人ぐらいの女性と会話し、実践すると、余裕でできるようになるようです。**そういう実力が身についたら、本命に行ってください。この順番も大事です。**

もう 1 つ、「自分がやる」ことも必要です。「ヘアスタイルがいいね」「服がオシャレだね」は、自分でやっていないとわからないんです。僕らは常に上を目指して努力し続けましょう。すると、女性の努力しているポイントが見つけられます。**「復習・アウトプット」と「自分がやる」を意識してみてください。**

必殺技「逆脈ありサイン」を使え

「好きバレ」はむしろ大歓迎

「どうすれば女の子が自分を好きになってくれるかわかんないよ〜」というのは誰しも
が通る悩みです。だから最初に「どうすれば人は人のことが好きになるのか」という原
理を科学的に解説をします。

　**恋愛だけでなく、人がハマる、のめり込むものには共通点があります。それは「可能
性」です。**人は絶対に当たる、もしくは絶対外れるとわかっているものにはハマらない
のです。例えば『パズドラ』『モンスター○○』のようなソーシャルゲーム。あのガチャ
は可能性です。当たるかどうかわからないから、つい何度もやってしまう。もっと現実
的にはパチンコ、競馬などのギャンブル。実は僕もパチンコは学生時代にハマっていま
した。

　この原理を恋愛に応用するとどうでしょう。

　「好きバレ」という言葉があります。「あなたのことが好き」とその本人にバレてし
まう状態のことです。僕は「あなたが好きだ」という気持ちは、相手にバレたほうがい
いと考えています。なぜなら、好きというのが相手に伝わらなければ恋愛成就確率は０％
です。

　逆に100％好きという告白もあまりよくありません。「可能性を作る」というのが一
番大事。**女性から見ると「この人、私のこと好きな気もするけど、わかんないな〜」と
いう状態。これで逆に女性から男性を好きになってくれるんです。**どうすれば「好きバ

レ」の状況を作れるか。モテる男性がみんなやっている必殺技を紹介します。

具体的な「逆脈ありサイン」の出し方

「逆脈ありサイン」……本書でもすでに何度も登場していますがそれぐらい重要です。脈ありのサインを男性から出すという行為です。「あの女の子、いけるかな？」と女性の脈ありサインを待っている場合ではないんです。男性からサインを出すべきです。重要なのは、会話の中にこれから言う3つの単語を織り交ぜる意識を持つことです。

1つ目は「カワイイ」です。女性はカワイイと言われたがっています。例えば「ネイルしてんだ。それいいね」というより、「ネイルしてんだ。それカワイイね」と言いかえれば、威力が200倍です。女性はどんなものでも「カワイイ」と言われたらキュンキュンします。

2つ目は「好き」です。これも、女性に対しては言わなくて大丈夫です。「ビール好き、サウナ好き、歌手では○○が好き」とか、「そういうふうに言ってくれる子好き」

必殺技「逆脈ありサイン」!!

- 会話中に　カワイイ　好き　嬉しい
　を織り交ぜる
- 「逆脈ありフレーズ」をぶっこむ

（例）
- ○○ちゃんと話してたら、時間すぎるの一瞬！
- そんなに共通点揃うことある!?
- ○○ちゃん、大学のときに同じサークルにいたら
　絶対ご飯とか誘ってる

私のこと
好きなのかな……？

145

みたいにも使えます。**直接その女性に好きと言うと「可能性」をなくす100%の告白になってしまうのでNGです。**会話の中にさりげなく織り交ぜてください。

　3つ目は「嬉しい」です。「僕はあなたと一緒にいられて嬉しい」と女性に伝えると喜びます。「うれしい」は漢字で「嬉しい」、女が喜ぶと書きますからね。

　これら3つの単語は、男性が普段なかなか使わない単語です。ぜひ意識してデート中に入れてみてください。

　また、具体的な「逆脈ありサイン」のフレーズを例として載せておきます。

- 「○○ちゃんと話してたら、時間過ぎるの一瞬」
- 「そんなに共通点揃うことある!?」
- 「○○ちゃん、大学のときに同じサークルにいたら絶対ご飯とか誘ってる」

　こんなことを言われたらドキッとしてしまいますね。これらは女性に「好きなのかも」と思わせるのに使えます。

100%を与えては意味がない

「逆脈ありサイン」で一番大事なのは100%の確証を与えないことです。

「好きです。付き合ってください」は、100%の確証なので違います。

「好きなのかも」が80%〜90%というほぼ確定演出ぐらいまで攻め込んでください。そこで「あれ？　私の勘違いじゃないよね？」と思わせるのです。

　結局、モテる男性、モテない男性の間を隔てている壁はここです。

　この本も何度も読み返し、少しずつ実践していってください。

　今回の「異性をドキドキさせる褒め言葉」の補習はここまでです。実戦できっと役立つはずです。

第2部

恋愛の「4つの壁」を乗り越えろ

その4　関係構築

カノジョに振り回されない生き方

恋人ができたことで、人生が破滅へ向かう人もいる

今まで僕が伝えたことをきっちりやれば、いよいよ意中の女性と付き合うことができると思います。
藻手内くん、あとは何が必要でしょう。

カノジョができたら、僕なら婚姻届を持っていきますね。

そうそう、婚姻届は役所でも 24 時間受け付けてくれるんですよね。って、藻手内くん、さすがに先走りすぎです。**この章では、付き合ってからのカノジョとの関係の作り方をみなさんに身につけてほしいと思います。**

そういえば、僕は大学生のときに一度女性と付き合ったんですが 1 カ月もちませんでした……。

そう、他にも「**女性とホテルでベッドインまで行っても、2 回目がなかった**」「**付き合ってもすぐに別れてしまう**」などの悩みが多いんです。

ええっ！ 意外ですね。僕と同じだ。

カノジョができたことで、その後の人生がうまくいく人もいれば、破滅へ向かってしまう人もいます。 何が違うのでしょう。
男女の関係性はどう作ればベストなのか。僕たちは何を目指せばいいのか。カノジョができたとき、今日からやるべきこと、そしてアゲマン、サゲマンを見分ける方法などを学んでいきましょう。

恋愛や恋人は、人生において必須ではない

　ここまで受講してくださっているみなさんであれば、人間の本能をかなり理解できたのではないでしょうか。そう考えると「恋人と付き合う」のは人類の不思議なカルチャーです。

　本能の1つである「子孫繁栄」は、セックスと結婚だけで十分で、「恋人と付き合う」は実は必要ないのです。また、食料や仕事、お金を稼ぐことは生きていくために必要ですが、恋愛や恋人はなくても死ぬわけではなく、人生に必須なものではありません。生存だけのためなら、「恋人関係」はなくてもいいものです。

　それなのに現代人は「恋人がいない自分には価値がない」「パートナーを失ったら生きていけない」と思い込んでいます。

　この執着パターンでは、恋愛が優先順位の一番上にきて、人生破滅の原因となります。「なんとしても恋人を作りたい」「女を抱きたい」「今のカノジョを引き止めたい」と執着すると、他のものを犠牲にし、悲劇が起こります。

　それでも僕が熱く語るのは**「恋愛をうまく使えば人生が有利になる」**からです。

　恋人と異なる価値観をすり合わせたり、互いの感情を読み取ることで、他人とのコミュニケーションの練習になります。また、恋愛とは純粋に楽しいエンターテインメントでもあります。

　恋愛は必須ではないですが、あなたの人生を豊かにするための手段として考えてください。将来自分がどうなりたいか、そのためにはどんな女性にモテて、カッコイイ男になりたいのか。このような向き合い方で、恋愛に依存せず、余裕を持って恋愛に立ち向かってください。この余裕もモテる男の要素の1つです。

恋愛が優先順位の一番上にきてしまう人

・恋人がいない自分には価値がない

・恋人を作らなければいけない

・パートナーを失ったら生きていけない

○○ちゃんと付き合えないなら死んでやる！

人生破滅の原因

アゲマン・サゲマンの見分け方

アゲマン、サゲマンとは何なのか？

女性に振り回されないことは大事ですが、男の人生は付き合って結婚する女性で決まります。あなた自身の努力、行動と共に、どんな女性と一緒にいるかが重要です。
藻手内くんはアゲマン、サゲマンを知っていますか？

言葉を聞いたことはあります。意味はなんとなく、アゲマン女性はいい感じになりそうで、サゲマンだと悪いことが起こりそうです。

世の多くの男性のアゲマン・サゲマン認識もそれぐらいだと思います。僕の定義はこうです。
アゲマン女性と付き合うと……
・仕事で成功し、出世・昇給する
・人間関係がうまくいく
・人生が好転する
・日常生活が充実し、毎日やる気や活力にあふれる
サゲマン女性と付き合うと……
・仕事の失敗が続く
・人間関係のトラブルが起こる
・人生の転落
・やる気が出ず、精神的に落ち込む

そ、それは恐ろしいですね。サゲマン女性は勘弁です。

そうですよね。アゲマン女性と付き合えれば、恋愛以外の要素でもうまくいくんです。そう考えると「サゲマン女性やアゲマン女性を見分けて、付き合う方法は？」を知りたくなりますね。解説していきます。

アゲマン：付き合うと恋愛以外の要素の勢いが加速

- 仕事がうまくいく
- 人間関係がうまくいく
- 人生が好転する
- 日常の充実度 UP
- 毎日やる気や活力にあふれる

サゲマン：付き合うと恋愛以外の要素の勢いが減速 仕事で失敗続き

- 友人関係でトラブル
- 人生が転落していく
- 落ち込んだり、やる気が出なくなる

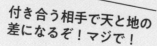

付き合う相手で天と地の差になるぞ！マジで！

アゲマン気質な女性の特徴

アゲマンの特徴① 気を引いてこない

アゲマン女性の特徴は5つあるので1つずつ解説していきましょう。1つ目は「気を引いてこない」です。女性は、男性の関心を自分に向けるために行動を起こすことがあります。具体的には、急に別れ話を切り出したり、感情的になり「私と仕事どっちが大事なの？」と問いかけてきたりします。これは、むしろサゲマンの特徴です。

サゲマン女性は相手の気持ちを確かめたいんです。男性はそれに乗ってはいけません。**そうなるとアゲマン女性の「気を引いてこない」という特徴はとても重要です。あなたも仕事に集中できるし、カノジョに会ってないときはあなたの人生に集中できます。**

アゲマンの特徴② 人をすぐ褒める

アゲマン気質な女性の特徴2つ目は「人をすぐ褒める」こと。いいところに気づく能力があります。お店で何かを食べても「美味しいね」など気づいてくれます。常にプラスの面を探すという思考なんですね。

そういう女性と一緒にいると、あなた自身もいいところを見つけてもらえるし、自分の価値を発見できます。さらにそのアゲマン女性の発想に刺激を受けて、**あなたもいろんな人やモノのいいところに気づくことができます。**人を褒めることができる女性と一緒になりましょう。

アゲマンの特徴③ 発言がポジティブ

「発言がポジティブ」なのもアゲマン気質の特徴です。感情は人に移るものなので、後ろ向きなことばかり言う女性は困ります。ポジティブで明るい女性と一緒にいると、自然に明るくなれますし、相乗効果が起こるのでよい関係性になっていきます。**今後、夫婦や長く付き合うカップルになり、何かトラブルが起こったとき、2人で乗り越え、プラスに転じることができるかは重要です。**この辺は日常の思考が出るポイントなので、ポジティブなアゲマン女性をパートナーにすることは貴重です。

アゲマンの特徴④ たまには払ってくれる

普段のデートや食事などは、男側がお金を出すことが多いと思います。**たまに「いつも出してもらってるから今日は私が払っとくね」という女性は「やってもらって当然」**

と考えず、対等に人生を歩めるパートナーです。

　バブル景気のころ、女性は車で送り迎えをしてもらい、自分でご飯代を払うことはなかったそうです。でも**「お姫様扱いが当然」と思う女性と付き合うと、お金や時間を奪われて終わり**です。女性側も実際、そういう男とは結婚や子作りはしません。だから、「たまにはお返しして、対等な関係を作ろう」とする女性と付き合うことが自然です。

アゲマンの特徴⑤ 応援してくれる

　最後の特徴は「応援してくれる」です。転職や副業の業界には、男性の挑戦を止める「嫁ブロック」という言葉があります。配偶者に止められると男は転職や起業などの挑戦ができなくなります。現代は変化のスピードが速い時代です。銀行や公務員などの堅い職業でも、5年後、10年後にどうなるかはわかりません。社会の流れをつかみ、生き残っていくことこそ男の仕事です。**男が勝負をして、変化するべきときに「頑張れ」と応援してくれる女性こそがアゲマン**です。

　ぜひ5つの特徴を覚えて、アゲマン女性と一緒になれるような男になりましょう。

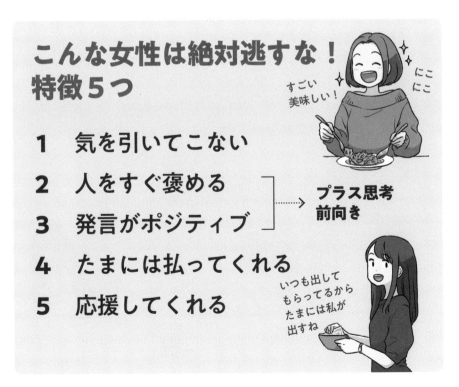

こんな女性は絶対逃すな！
特徴5つ

1　気を引いてこない
2　人をすぐ褒める
3　発言がポジティブ

→ プラス思考
前向き

4　たまには払ってくれる
5　応援してくれる

すごい
美味しい！

にこ
にこ

いつも出して
もらってるから
たまには私が
出すね

ゴースティング女には関わるな

ザ・ヤバい女

最近増えているのが、サゲマンに近しい性質を持つ **「ゴースティング女」** です。

「さっきまで仲良く LINE をしてたのに、急に返信が来ない」

「デートに一度行ってからそっけなくなった」

「いきなりカノジョが冷たくなった」

などの経験はないですか?

この現象は、急に幽霊のようにふっと消えるところから「ゴースティング」という名前がつきました。

行為に名前がつけられるほど、世の中でゴースティングが多発し、男性が困っているわけです。

「デートして、このままいけば付き合えると思っていたのに……」と落ち込む男性もたくさんいます。

ゴースティング女性には特徴があります。今回のポイントは、「ゴースティング女性と付き合うな」です。その理由や、ゴースティング女の特徴、出会わないようにするにはなどをお話ししていきます。

こんな経験はありませんか?

- 急に返信が来なくなった
- デートしてから急にそっけなくなった
- いきなり冷たい態度になった

→ **ゴースティング** という現象

待って〜

「ゴースティング」しやすい女性の特徴

ゴースティングをしやすい女性の特徴4つを挙げます。

1つ目「理想が高い」女性です。「私の彼氏はこんな人じゃなきゃイヤ」と常に思っているような人ですね。

2つ目の特徴は「運命的な恋愛を求める」こと。「白馬の王子様が〜」「私の運命の人が〜」などという女性ですね。危ないです。

3つ目は友達や知り合いなどとも「関係性をすぐに切ってしまう」傾向がある人です。

4つ目の特徴は「メンタルが落ち込みやすい」ことです。

ゴースティングする人には躁鬱（そううつ）の傾向があることも研究で明らかになっています。この研究はさらに面白く、男女の「恋愛をどう考えているか？」を2つに分類しています。

1つは自分の理想とする異性が現れ、ハプニングがあり、2人の距離が急接近すると考える運命性グループ。もう1つは、恋愛は未熟な2人が付き合い、いろんな経験をして成長していくと考える成長性グループです。ゴースティングは、運命性グループに現れる確率が高かったのです。

つまり恋愛に運命的なものを求め、理想の男性が私のことを幸せにしてくれると考える女性は、ゴースティングしやすい。「運命と違う」「関係を切る」となりやすいのです。

なぜ、ゴースティング女性と付き合ってはいけないか、それはつまり**「理想ではないと思われたら、話し合いもなしに急に切られる」**からです。

みなさんも前述の「急に冷たくなった女性」に思い当たる節があると思います。ゴースティングの発生はあなたが悪いのではなく、女性の性格・性質に問題があったのです。ゴースティングが起こったら、その女性を追いかけるのをやめましょう。

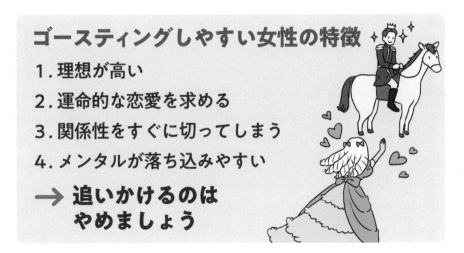

ゴースティングしやすい女性の特徴

1. 理想が高い
2. 運命的な恋愛を求める
3. 関係性をすぐに切ってしまう
4. メンタルが落ち込みやすい

→ 追いかけるのは
　 やめましょう

どんな女性もサゲマンになりうる理由

1人の中にアゲマン、サゲマンは同居する

藻手内くん、そもそも女性には**なぜアゲマン、サゲマンがあるん**でしょうか。

運のいい、悪いみたいなもんでしょうか？

もう少し論理的です。 長い人類の歴史の中で、男女は役割分担をして子どもを育ててきました。男は外に出て食料を確保し、女は子どもを育て、男が家に帰ってくれば体と精神を回復させてあげます。**基本的に女が「行ってこい」と男のケツを叩き、男は食料を獲り、家族を食べさせるという構図です。** だから、女性は内（家庭）向き、男性は外向きという性質を持ちます。

なるほど、わかってきました。

そう、このように**男を活躍させるべき女性と一緒にいると、家庭状況がよくなります。** まさにアゲマン関係ですね。

じゃ、サゲマンでは、家庭が回らないんですね。

それもあります。また、精神的な欠陥をお互いに埋め合わせる関係性なので、内側に閉じこもりがちです。
現代は、自己重要感や自分の存在意義が問われ、不安定な時代です。 これをお互いの相手の存在で埋めるのは「相互依存関係」と呼ばれます。**これはサゲマンのパターンですね。**

家庭も仕事もうまくいかなくなりそうですね。

そうなんです。その理由は男性の行動が外側でなく内側に向いてしまうからです。アゲマンパターンだと、お互い成長・進化の方向で矢印が外に向いています。ただし、**厳密にはアゲマン、サゲマンという女性は存在しません。**

え、どういうことですか。

女性にはどちらの側面もあります。そしてどちらが強く出るかは、男女の「関係性」によるのです。アゲマンの割合が強い女性でも、ダメな男と付き合えばサゲマンになる確率が高くなります。最終的には男女の関わり方で決まっていくのです。

アゲマン、サゲマンとは"関係性"である

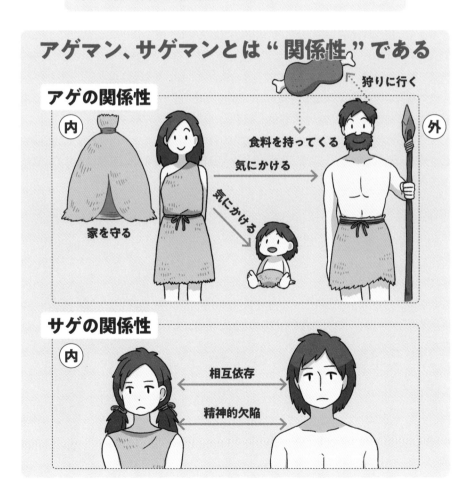

アゲの関係性

内

家を守る

気にかける

気にかける

狩りに行く

食料を持ってくる

外

サゲの関係性

内

相互依存

精神的欠陥

アゲマン気質を引き出せる男になる

アゲ同士の関係性：お互いに自己重要感を満たし合う

　結局、女性のアゲマン・サゲマン気質は男性の腕前で大きく変わります。だからこの章「関係構築」のテーマは「アゲマンを引き出せる男になる」ことです。

　キーワードは 140 ページでも出てきた**「自己重要感」**です。女性を認め、承認するお話ですね。復習もしておいてください。**結論は「アゲ同士は自己重要感を満たし合うことができ、サゲ同士だとその奪い合い」**になります。

　自己重要感が満たされると「認められた自分には価値がある。自信も元気もある」とポジティブになれます。男性は自分で自己重要感を満たしましょう。人は満たされると他人にも与えられるようになります。夫婦、カップル 2 人が満たされていると、家族、友人や職場の仲間、初対面の人にまで与えられる人になれるのです。

　この状態の男性は「挑戦心」「見た目の洗練」「リーダーシップ」「人のいいところに気づくことができる」「周りの女性からの評価」など格がアップします。

　そうなると付き合っている女性にも感謝の気持ちが出てきます。**アゲ関係で自己重要感を満たし合うと、お互いに自己重要感を与えられる存在になり、恋愛以外の他の要素までもうまくいくのです。**

自己重要感を満たし合う
（アゲ関係）
↓
男も女も、他の場所では
「自己重要感を与えられる存在」
になる
↓
恋愛以外の他の要素もうまくいく

ありがとう
助かるよ

サゲ同士の関係性：お互いに自己重要感を奪い合う

逆に、**サゲ同士の関係性では「自己重要感の奪い合い」**が起こっています。

女性は「思わせぶりな態度」「相手の気持ちを確かめるような態度」「私と仕事どっちが大事？」「別れる気がない別れ話」など、相手を拘束する行動をとります。お互いなので、女が男から奪うと、男も女からと応酬が続きます。

すると自己重要感が空になってしまいます。こういう人は、「職場の人や友人などからも自己重要感を奪う」ことをします。

例えば、「謎のマウンティング」「自慢話」「誰かをけなし、おとしめる」「成功者の失敗を喜ぶ」などの人としてどうかと思われる行動です。

男性は「カノジョのことが常に気になる」「仕事がうまくいかない」「友達付き合いが悪くなる」「見た目が荒れる」「周りからの評価が下がる」「他人の悪口を言う」「ネットで他人の不幸話を見る」などの行動をとりがちです。この心理状態では「カノジョを失うかもしれないし、生きる意味もない……」という不安も高まっています。

まとめると、**サゲ関係によってお互いの自己重要感を奪い合うことで、関わる人すべての自己重要感を奪う存在になってしまいます。すると、恋愛以外の要素でも他人から嫌われ、人が離れていきます。**

アゲとサゲ、どちらも恋人と付き合っているのに、内容にはこんなに差が生まれてしまうのです。

けなし合い
束縛

自己重要感を奪い合う
（サゲ関係）
↓
男も女も、他の場所では
「自己重要感を人から奪う存在」
になる
↓
日常生活でも人が離れていく

サゲマンの餌食になる男の特徴

女性のサゲマン気質を発動させてしまう男とは？

　では、どうすればお互いにアゲの関係を作れるのでしょうか。本題に入る前に、女性の本能を前提知識として知っておいてください。第1部「女性の本能を知る」で、女性は男性を**「種オス」「育てオス」「守りオス」「外敵」**に分類することを学びました。「種オス」とは、女性が本能的に「この人と子孫を残そう！」「セックスの対象」と思える存在です。「育てオス」とは、子が生まれてから一人前の大人になるまで面倒を見てくれる存在で、結婚相手のキープ枠となります。「守りオス」は周りの男が手を出してこなくなるために必要なオスで、女性からすると単なる男友達であり、付き合う相手とは見られていません。

　「種オス」「育てオス」なら付き合って、結婚の可能性もあります。ただ、「種オス」はセックス対象ですが、「育てオス」はそうではなく、子どもに対してリソースを与えるだけという、大きな違いがあります。**もし「育てオス」だけの彼氏になると、女性に搾り取るだけ搾り取られます。これがサゲの関係性の引き金です。**

　女性本能は「この人は育てオスで悪い人ではない。でももう少しいい男がいるかもしれない。一応キープで付き合おう」と考えています。そして子孫繁栄の目的のため「リソースを取っておこう」とするので、育てオスは女性の餌食になってしまいます。

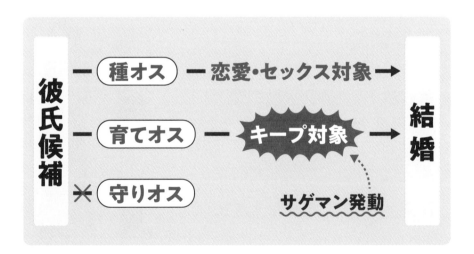

一番危ないのは「選択肢がない男」

「育てオス」ではなく「種オス」となるためには「あなたの中にある選択肢」が重要です。**「育てオス」として餌食になる男は「選択肢がない男」なのです。**

女性は「この男は私以外の選択肢がない」と思い込んだら「この人はモテない。他にカノジョを作らない。私が付き合ってあげて、もらえるものをもらっておこう。そしていい男がいたら乗り換えよう」と考えます。

わかりやすい例では、キャバクラやガールズバーで、女性にお金を貢ぐ男性です。格下認定をされ「この男からはいくらでも取れる」と思われています。

サゲマンの気質を引き出さないためには、女性より格上の人間でいることが大事です。そのための3つの方法があります。

1つ目は**「理想や目標がある」**こと。何かに向かって一生懸命に頑張ってる男からは、女性はお金やリソースなどを取れません。つまらない男だから「取るしか価値がないな」と思われるのです。

2つ目は**「行動している」**こと。言うだけ言って何もしないなら「私がそのエネルギーをもらう」となります。あなたのエネルギーはやるべきことに使ってください。

3つ目は**「女性がいなくても毎日満たされている」**こと。サゲマンを発動される男性は己の心のスキマを埋めるために女性の自己重要感を奪っています。そうならないためにも、女性がいなくても毎日が楽しいのがベストです。自分が満足している状態で「君がいればもっと素敵な日々にできる」という気持ちでカップルになるのです。そのためにも「選択肢と出会い」を増やしましょう。「出会いがあり、女性を喜ばせる会話の方法や知識がある」ことが、女性の本能を刺激できる種オスの状態です。

こいつ私しかいないんだ
モテないんだ
こいつに金出させよう

対策 →

①理想や目標
②そこに向けて
　行動している
③女性が
　いなくても
　満たされている

「種」＋「育て」の両要素がなければ、捨てられる

あなたが「種オス」として体の関係を持てても、次の問題「男がヤリ捨てされる」が起こることがあります。一夜のセックスまでたどりつけても、お互いの人生が加速するような長期的なアゲの関係を築くには、もう1つハードルがあるのです。

女性は関係を持った男に「育てオス」の要素がなかったとき、お金や食料を持ってくる別の男を探しに行きます。そのとき「種」だけの男は捨てられます。最終的に種オスと育てオスの要素は、ハイブリッドで両方持っておかなければいけません。

「あなたには両方の要素がない」と思った女性は「種オスと育てオスの両方を確保しなくちゃ」と考えます。**「男のヤリ捨て」が起こるのは、女性側の原因ではなくその男が育てのリソースやスペック（稼げそうかどうか）を持っていないからなのです。どちらか片方だけでは長期的な関係は築けません。**

体の関係を「いい遺伝子を持ってそう」で乗り越え、さらに女性に「育てのリソースを持ってそう」「将来的にお金を稼げそう」と思わせないといけないのです。さらには「私が妊娠しているときも、子どもが生まれても彼は稼いで食料を持ってきてくれる」と女性が思ってくれれば、アゲマン要素が発動します。

まとめると**「まず種オス側に入る（本能で魅了する）」こと。次に「育てオス要素で長期的関係にシフトする」という順番が大事です。種オス、育てオスの両方の要素を持つことが、唯一の恋愛攻略ルートになっているのです**。

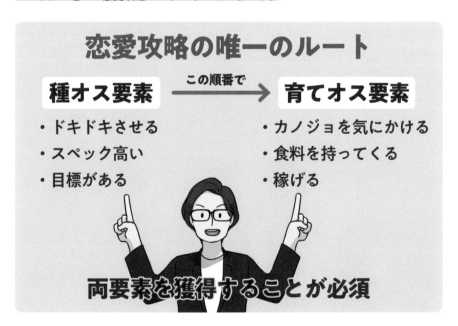

恋愛攻略の唯一のルート

種オス要素 ━━━ この順番で ➡ 育てオス要素

・ドキドキさせる
・スペック高い
・目標がある

・カノジョを気にかける
・食料を持ってくる
・稼げる

両要素を獲得することが必須

将来性のある男になれ

　女性が本能的に見ているのは、男性の「将来性」です。

　夢や希望もない、毎日ダラダラ過ごしている、仕事のグチや文句ばかり……そんな男を、隣で支えようとは思わないですよね。

　古代の男女（オスとメス）の役割分担は、

・オスが狩りや社会に出て、食料や安全を確保する
・メスは家内や隣人と協力し、食料加工や子育てを行う

　というものでした。つまり、メスはパートナーに対して「社会で活躍して、食料と安全を確保する」ことを求めているのです。

　現代で言えばそれは、仕事で成果を上げ、誰かの役に立ち、責任ある立場になる、ということでしょう。

　女性は、将来性を感じる男性を尊敬し、応援したいという感情が生まれます。

　関係構築の極意、それは**応援される男たれ**ということです。

古代の男女の役割分担⇒現代での理想の関係

尊敬
応援したい

関係を長続きさせる方法

崩壊の原因は全部で8つある

この章では、**お付き合いしている女性との関係を長続きさせる方法を話します。**

僕も女の子とすぐ別れたパターンを経験しています。あの子のこと忘れられないな……。

それは悲しい経験をしましたね。しかし、別れた女性のことはさっぱり忘れたほうがモテる男になれますよ。
藻手内くんの例のように、女性と付き合えても

- すぐに別れる
- 相手と険悪な雰囲気になる
- 会うたびにケンカする

というのはよく聞きます。それなら「恋人なんかいなくていい」となります。

いや、恋人はいたほうがいいですよ。僕は切実に思います。

だからここではムリせずに長く関係を続ける方法を教えます。
最初に重要な考え方「入り口のセットアップ」を覚えてください。**これは、付き合っている女性とのケンカやトラブルを想定し、あらかじめ「オレたちの関係はこうしよう」と約束しておくことです。**この約束があれば、ケンカをしても、別れの原因にならないように予防できます。
問題が起こったときに対症療法をするのではなく、その前にお互いの価値観のすり合わせをしておくことが重要です。

なんとなくわかりましたが、その予防法はどうするんですか？

別れやケンカの原因は全部で8つあります。崩壊パターン別の事前対処法を知っておくと、カノジョと険悪なムードになりにくいです。対人関係ですので、想定していないトラブルが起こることもありますが、だいたいの問題はこの8つで解決することができます。

カノジョとの関係でピンチに陥ったときも「入り口のセットアップ」があれば、大事にいたらないこともあります。ぜひ考え方を身につけておいてください。

崩壊の原因

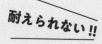
カノジョ　カノジョ……

関係性による崩壊

①育てオスの関係性になっている

②カノジョが最優先になっている

③性欲のみで付き合っている

④自己重要感の奪い合い

エラーによる崩壊

⑤愛情不足

⑥スペック不足

⑦テキストによる意思疎通ミス

⑧不満の爆発

耐えられない!!

爆発!!!

アワワ……

関係性を継続させるためには

入り口のセットアップ

…崩壊の原因を予め予防する

崩壊パターン① 育てオスの関係性になっている

それでは崩壊の原因8つを解説していきます。「育てオス」とは、160ページで話したように男がリソースを取られ、さらには女性にキープ状態にされているオスのことです。**「付き合っているのにセックスできない」「会えない」「カノジョがマッチングアプリで他の男と会ったり、合コンに行ってしまう」ということが起こります。**

なぜなら女性は、育てオスではなく種オスを探すために他の出会いを探そうとします。また、育てオスはキープ枠なのでセックスをする必要もありません。

この防止策は本書の基本通り、洗練された見た目に変え、女性を楽しませる会話をし、あなたの力で女性を魅了すること。そして奥の手として、早くカノジョと体の関係を作っておくことの2点です。

なぜ体の関係が必要なのか。それは、**付き合って1カ月経ってもエッチをしていなければ、女性に「この男は全然迫ってこない」「子孫を残す能力が低いのではないか」と思われる**からです。この状態では女性はどんどん冷めていきます。そして「多産性がない。私の目が間違っていた。この男は育てオスにしておこう」と女性に格下げされてしまいますので、早く体の関係を持っておきましょう。

崩壊パターン② カノジョが最優先になっている

男性がカノジョを好きすぎて、一日中考えるようになっているのも危険です。なぜなら女性側が決定権を持ち、男が格下のポジションになってしまうからです。さらに女性はやりたい放題でわがままになります。

男性は最初こそ種オスかもしれませんが、そのうち育てオスに降格させられるでしょう。**女性はその立場を利用して「感情的になり、ご機嫌取りをさせる」「他の男性の存在を匂わせて不安にさせる」などの行動をとってきます。女性の本能は男性に「こんなことはやめてほしい」と言わせたいのです。**

この防止策は2つです。

1：自己重要感を自給自足すること

自分の自己重要感が満たされていないと、カノジョが最優先になりがちです。だから、女性以外の分野で自己重要感を満たしておくことで、自分の人生や自信は変わらない環境を作っておきましょう。

2：依存先の複数確保

人間は何かに依存をして生きているのでゼロにするのは不可能です。女性が第一優先になる人は、依存先が女性しかないので、「カノジョを失うと人生が終わる」となります。仕事や趣味などに依存できること、言葉を変えれば熱中できることをたくさん作ってお

きましょう。その好きなものがストレス発散につながればベストですね。僕もカノジョ以外に仕事やカラオケ、温泉も好きです。趣味があるとメンタルも安定し、女性からも頼られる存在になれますよ。

崩壊パターン③ 性欲のみで付き合っている

男性は「性欲だけで付き合う」パターンが多いんです。「付き合ったらやれる」のは間違っていないですが、種オスとして付き合っても、女性は「付き合う＝セックス」ではないこともあります。

男性が「性欲」と「好き」を交ぜて、自分でもわからないうちに女性と付き合ってしまうと、2回、3回と抱くうちに冷めてきます。最初はカノジョのことを「カワイイ、好き」と思っていたけど、魅力が薄れ、会う気がなくなってきます。

付き合う以外の方法がない男性は、一回やった後、「面白くない。カワイイと思えない。合わない」となってくるのです。それでは男女共に幸せにはなれません。

ただし、男性もワンナイトやセフレを何回か体験すると「これは性欲パターンだな。体の関係がないとして、2人でご飯に行くか？ 2、3時間一緒にいられるか？」と、冷静に処理できるようになってきます。

簡単なソリューションは何人かの女性と関係を作ってみて「セックスとはこういうもの。気持ちいいし楽しいけれどたいしたものでもないな」と実感しておきましょう。

5人ほど付き合えば、そのうちの3人は次は会わなくていいなと思えて、残りの2人は何回会っても楽しいと思えた、などという経験ができるでしょう。何百人はいらないですが、数人から10人ほどの経験があったほうが、余裕を持って女性と付き合えると思います。

崩壊パターン④ 自己重要感の奪い合い

男性と女性がお互いに自己重要感を奪い合う状況です。さらにお互い仕事や友人、趣味などの他の逃げ場所がないため共依存にも陥っています。

すると、**激しい束縛やDV（ドメスティック・バイオレンス）が起こる確率が高まります。「ここまでやってもオレたちは結ばれている」といったお互いの歪みの確認作業になります。**そこまでいかなくても、「気持ちを試すような行動」「他の異性の存在を匂わせる」などの不安にさせる行動で相手の気持ちを確認しようとします。「ここまでやっても離れないよね」をお互いにやり合うと**地獄のような魂の削り合いが起こります**……。

こうならないように自分の自己重要感は満たしておいてください。自信があり、自立

している男性は、そうでない女性からは自己重要感を奪えない存在に見えます。それゆえ、メンヘラ女性は寄ってこなくなります。**メンヘラ女性と付き合ってしまう男性は、自分にもメンヘラ要素があり、自己重要感が低いことを自覚してください。**

以上ここまでの4つが、関係性による崩壊パターンでした。

崩壊パターン⑤ 愛情不足

　残り4つは、エラーによる崩壊パターンです。エラーとは、付き合っているお互いが「こんなはずじゃなかった」と思うことです。最初のエラーは愛情不足についてです。

　女性は、種オスの男性から種をもらいますが、受精して子どもができればその後は種オスには用がありません。ここからは育てオスの要素が必要です。

　もし仮に子どもが生まれたら、「この男が育て親でいいのか」と女性は思案します。**そこで愛情というリソースがなければ「遺伝子はよさそうだったけど、長期的に付き合えない」と女性は冷めていき「他に愛情を注いでくれる育てオスを探さなければ」となります。**

　体の関係を持った時点で、女性は本能的に子どもができる可能性を考えています。愛情が感じられないと、「早く愛情をくれる育てオスを探さないと」と他の男を探しに行くという現象も起こりえます。

　この愛情不足を予防するには、その女性が満足する愛情リソースを注ぐことです。

　そのためには連絡を取ること。LINE や電話のやりとりも、1日どれくらいする？月に何回くらい会う？　ということを2人で話し合っておくと「全然連絡してくれない」というエラーが起こらなくなります。

　もう1つ、**イベント系を忘れないようにしましょう。誕生日、記念日、クリスマスくらいは、いいお店でご飯を食べて、プレゼントを渡すことが大切**です。ここを怠ると「私ってセフレなの？」と女性に思われてしまいます。カレンダーに書いておけば万全です。

崩壊パターン⑥ スペック不足

　崩壊パターン⑤の愛情不足と同様に、**体の関係を持った後に「このオスは私に育て要**

素を提供できない。信用できない」となる現象です。ここでの育て要素とは、原始時代であれば「食料を獲ってくる」であり、**現代に置き換えれば仕事とお金に該当するもの**です。特に子どもができたら、このリソースを持っていない男性では困りますよね。

女性は、好きだと最初こそ付き合いますが**「この男は、仕事ができない。やる気や社会的に成功する気がない。お金を稼げそうにない」と思った瞬間、冷めていきます。**

スペック不足で崩壊するのは非常にもったいないので「仕事でこのポジションを目指そう」という長期的な目標を持ってください。

崩壊パターン⑦ テキストによる意思疎通ミス

LINEでケンカをしてしまうパターンです。

女性は文章で意思を伝えるのが苦手です。むしろ「この文面で私の気持ちを察して」という感情的な文章を送ってくることがあります。女性同士であれば、そのコミュニケーションは通用しますが、男性は文章を論理的、ビジネス的に展開します。

男性側は女性の文章の特徴を知らないので、普通に返信します。すると、女性は「違う。そんな意味じゃない」とすれ違いが起こるのです。もちろん書いてあることに返信はされているけれど「私の気持ちを察してほしかった……」と恨みが残ります。

特に仕事ではなく、恋愛上の男女の関係だと、テキストでのコミュニケーションは行き違いが起こりやすいのです。例えば、女性のLINEやメールの「ここがイヤ。変えてほしい」の本当の意味は「私が寂しい思いをしたこと、悲しい気持ちをわかってほしい」だったりします。

女性は「なんで察してくれないの？」と思い、男性は「言葉が通じない。わけがわからない」と険悪ムードで、関係が崩壊するパターンに陥ってしまいます。

予防策としては、まず付き合ったときに、言いたいことはLINEではなく、会って話すと約束することです。「直接会って話す」だけで、ケンカの原因の多くをなくすことができます。

女性から意味のわからないLINEが来たら、すぐに発言内容に対応しないのが重要です。大事なのは、何を言っているかではなく、その子がどう思ったか、なのです。

100対0で女性が悪いと思っても、感情的になっている相手に論理を説いてはいけません。逆上させてしまいます。「寂しかったんだな、悲しかったんだな」とカノジョを思いやって、「それは気づかなかった。ごめんね。僕が悪い」と即座に謝りましょう。

落ち着いたら相手も「悪いことしたな」と気づきます。男性は大人になって、カワイイと思ってあげてください。感情をしっかり受け止め、謝ることで、女性は理解してくれます。頼れて、余裕がある大人の男性になりましょう。

崩壊パターン⑧ 不満の爆発

お互いに言いたいことを言えずにため込んでいる状態です。「○○してほしい、こういうところに行きたい。あれをしたい」と、どちらもが言わないで不満をためると、女性はキャパオーバーになって爆発します。

大爆発のときは、あきらめるしかありません。「気づかなかった僕が悪かった」と平謝りしましょう。そうならないようにお互いに思っていることはなんでも言い合える仲になり、**言いたいことはこまめに毒出しをさせてあげてください。**

そのためにも**「言いたいことがあったらお互いすぐに言おう。いい関係を作りたいから、変えてほしいことやイヤなことはちゃんと直接言おうね」**と付き合いの最初から決めておくのです。

直接言い合うともの10秒で問題が解決することがほとんどです。2人の間の火種をなるべく早く洗い出し、早く消火しておくようにすると、消火にかかる労力が低く疲れません。

これを先延ばしにしてため込んでしまうと大爆発してどうしようもなくなり、別れるしかない状況になってしまいます。だから付き合うときに、決めておくのです。

ここまで8つのパターンを検証し、関係を長続きさせるための方法を話してきました。**崩壊パターンをあらかじめ防いでおく、入り口でセットアップする、対症療法ではなく予防医療の考え方で長続きさせるのが基本です。**

合わないと思ったら別れてもいい

「男女の関係は長続きさせなければいけない」という決まりはありません。

長く恋愛が続いたほうが偉く、すぐに別れるのが悪いということはありません。相手と合わないと思ったら別れても問題ありません。

なぜなら、恋人関係には法的拘束力はなく、「付き合う」という状態は、ただの口約束です。

この「恋人関係」——お互いに恋人だという認識を作っているだけなので、お互いの人生のためにも「別れ」が必要なときもあるのです。

初めての人もいるでしょうが「恋人ができたこと」を重く考えないでください。友達から親友になったぐらいの感覚でいいんです。

恋人関係は、もちろん一発の恋愛でうまくいったら素晴らしいですが、そんな人はほとんどいません。

だから、現代に生きる人間はいろいろな異性と付き合い、その中でいいなと思った人

と結婚して家庭を作るシステムを生み出しています。

「一度付き合ったら、長続きさせないといけない」と縛られず、肩の力を抜いて軽く考えてもらえたらと思います。

恋愛は再チャレンジできるのです。

カノジョが「お土産」を喜ぶ深い理由

女性は「会ってない時間」を重要視する

「せっかく付き合ったのにうまくいかない」「すぐに別れてしまう」。これらの原因は「男女の脳の違いを理解していないから」です。

この「**男女の脳の性質の理解**」「**その法則に基づいたコミュニケーション**」を知っておけば、**関係は長く良好で、お互いに幸せで、成長できます**。

では、どういう違いがあるのか。恋人としての時期も結婚してからも、**男と女で「どこを重要視するのか」のポイントが違います**。

男は「会っている時間」を大事にします。会った時間にどう遊ぶのか、何を食べるのか、どんな話をするのかを気にします。みなさんデートプランを考えるのが好きじゃないですか？

一方、女性は「会ってない時間」を重要視するという性質があります。

恋人と会っていないとき、女性は「あの人何してるかな、仕事中かな」「彼はどんな目標があるのかな」「人生の方向性をどうするのかな」と相手のことを考えています。

仮に男性が「来月10日に大事な会議がある」と言っていたら、「頑張ってほしい」「応援してる」と女性は思い出しているのです。

男は会ってないとき、お構いなしです。仕事をしていたり、YouTubeを見ていたりします。男性は「目の前にあること」に集中するようになっているからです。

カップルがうまくいかない原因の多くは、女性は「会ってない時間」を重要視することを男が知らないことにあります。

女性は、「会ってない時間、君のことを気にかけているんだよ」ということを知りたいのです。だってそれが女性にとって最重要だからです。

カノジョと長続きするポイントは「**僕はあなたのことを気にかけている**」「**会っていないときもあなたのことを考えている**」をどのように伝えるかです。

離れていてもカノジョを気にかけているか

離れていても相手を気にかける。この行動は、例えば出張のときにできます。仕事だけして帰るのではなく、**相手のことを思い、少額のお土産を買う**。このような**「お土産作戦」**がオススメです。

「こないだ、福岡に行ってきた！　これ好きそうと思って！」と小さいお菓子でも買ってくるんです。出張・旅行などがなくても、女性の好きなものを覚えておいてください。

普段の女性との会話の中で「私、これ好き、興味ある」「ここ行ってみたい」「食べてみたいものがあるんだよ」を覚えておく。そして、ある日「そういえば、お前このお菓子好きだったよね。さっき入ったコンビニでたまたま見つけたから、買ってきちゃった」と渡すんです。それを一緒に食べるだけで女性はめちゃくちゃ喜びます。コンビニで、旅先で、いつもの場所で「私のことを思っていてくれた」と女性に感じさせればOKです。

好きなものを覚えて「あなたのことを思い出してこれを買ってきましたよ」とするだけです。**モノの値段やクオリティではなく「その相手をどこまで考えているか」がポイントですよ。そこを間違えないようにしてください。**

「次会ったら絶対○○に話そうと思ってた」

カノジョに思いを伝えたいときは、お土産というモノではなく、**お土産話でも問題ありません**。

「そうそう、出張行った先でさ、○○に話そうと思ったんだけど」。この前置きフレーズは使えます。「仕事のときも、あなたのことを気にかけているんだよ」と伝わります。もちろん、出張エピソード以外の面白い話や小話、ネタでも問題ありません。「あなたを忘れてないよ」と男性から伝えることが重要なんです。

そういうふうに言われたら女性も「離れているときに私のことを考えてくれている」と、実感できます。

カノジョに対し「気にかけている」「離れているときも忘れない」「いつでもどんなときもあなたのことを思ってるんだよ」を伝えることは、2人の関係を良好にしてくれます。

このように男女の脳の性質の違いを意識してみると、お土産選びにも力が入るのではないでしょうか。ぜひ実践しましょう。

「好き！」から「心のつながり」へ

なぜ恋心は２、３年で冷めるのか

付き合った女性に浮気をされるのは、男として最大の屈辱です。では、どうすれば女性から惚れられ続けるような男になることができるのでしょう。

早ければ交際半年くらいから冷め始めます。

さまざまな**研究で明らかになっていますが、恋心は２〜３年ほどで切れます**。

生物の本能として、２〜３年で子どもができなければ、子孫が残せないので別の人に行ったほうがいいと判断します。恋心で「相手のイヤなところが一切見えなくて、大好き」はこの期間だけなんです。

期間がすぎると女性は冷めてしまい「次の男を探そう」と浮気につながります。そうならないためには、恋から、別の次元へのアップグレードが必要です。

それは、なんでしょうか？

それは、人間的な「尊敬」「応援」「協力」にシフトしていくことです。

子孫繁栄を目的とした本能的なつながりから、お互いの人生を尊重し、応援し合う理性的なつながりへレベルアップしていかなければならないのです。

長い時間を共に歩むパートナーになるには

本能と理性の最大の違いとはなんでしょうか？　それは「時間の概念」です。

本能は、その瞬間のことしか考えられません。目の前の女性がカワイく、愛おしいから好き。一緒にいたい。イチャイチャしたい。女性側も、目の前の男が子孫繁栄に向いていて、カッコよく、頼れるから一緒にいたい。それは「一瞬の感情」です。

ここから長期的な関係を作り、長い年月を共に歩むパートナーになるには、**「理性的なつながり」**にシフトしていく必要があります。

では、理性的なつながりとは何か？

理性には時間の概念があり、「過去—現在—未来」を理解できます。

・過去と現在をつなげる **「価値観理解」**
・現在と未来をつなげる **「ビジョン共有」**

この2つが、心の深いところでつながるために必要です。

価値観理解とは、「過去にこういう経験をしてきた。だから、今こういう考えになっている」という、経験と価値観のつながりのことです。

例えば僕は過去に、睡眠時間をとことん削られるブラック企業で仕事をしたことがあります。そこで働く人は、頭の回らない状態で次々と仕事や数値目標が降ってきて、苦しんでいました。

その経験があるから、自分が会社を経営するようになった今「従業員の健康、体調、コンディションを大事にしたい」と思っています。だから、体にいい食事が食べられる

無料の社員食堂を作ったり、オフィスの１部屋にトレーニングルームを作ったり、出社時間をある程度自由にしていい状態で仕事できるようにしています。これは、過去の経験と現在の価値観のつながりです。

　女性の性格や考え方も、過去の親との関係や、学生時代の経験から来ていることが多いです。**お互いの過去のことを知っていく中で、「だからこの子は、こういう考え方なんだ」という理解を深めていくことが重要なのです。**

　ビジョン共有とは、「こういう人間になりたい」「仕事でこういう成果を上げたい」「こんな家庭を作っていきたい」「君とこんな関係でいたい」という将来を共有することです。
　このビジョンは、今の自分の価値観から来ることが多いです。
　過去の経験があり、今の価値観があり、未来のビジョンがある。
　経験・価値観・ビジョンをお互いに語って、すり合わせていくことによって、特別な深い関係性を作り上げていくことができるのです。

第3部

本当の魅力を
獲得する

College of Love

男性エネルギーと女性エネルギー

「男性らしさ／女性らしさ」を生み出すエネルギー

藻手内くん、第3部、いよいよ最終章です。この本の目標、ゴールはわかっていますか？

はい。カノジョを作って、お互い幸せになることです。

ほぼ正解です。僕はみなさんに「魅力」を獲得してもらい、カノジョを作ることを目標にこの本を作りました。では「魅力」とはなんでしょう。
それは**女性だけでなく、男性、友人、お金、チャンスなどを自分に惹きつける力です**。第3部ではこの「魅力」の獲得について話をしていきます。

女性だけでなく同性にも好かれて、さらにお金もチャンスも……ですか!?

そうですよ。その「魅力」の源泉となる、「**男性エネルギー**」「**女性エネルギー**」について詳しく解説します。
男性エネルギーはオスらしく、戦闘・開拓・挑戦・目標達成・論理的思考・リーダーシップなどに表れます。
一方、女性エネルギーは安定・愛情・調和・感性・美意識・感情的思考などに表れやすいのです。
藻手内くんとみなさんには、この男性エネルギー、女性エネルギーの両方を高い水準で兼ね備えてほしいんです。

男性エネルギーだけでなく、女性エネルギーも？

そうです。それができれば、**仕事ができてリーダーシップがある上にお金が稼げ、女性的な細やかな気配りができ、物腰が柔らかい、両者のいいとこどりの素晴らしく魅力的な人間になれます。**

それはすごい‼

この両方の性質を獲得するためには、順番とステップがあるので、それを解説していきます。

男性エネルギー

仕事ができる
強烈なリーダーシップがある
只者ではないオーラがある
次々と目標達成をする

目標達成
論理的思考
挑戦
開拓

女性エネルギー

常に周りを見ている
細やかな気配りができる
物腰が柔らかい
絶妙な甘え上手

調和
美意識
愛情
安定

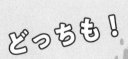

どっちも！

目指す完成形は、男性エネルギーと女性エネルギーの両方を高い水準で兼ね備えること

男性エネルギーが低い状態で恋愛してはいけない

　人間がオギャーと生まれてきたときは、男性・女性エネルギーは低い状態です。リーダーシップや論理的思考といった能力もなく、計画通り進まず、すぐに心が折れます。小学1年生にリーダーシップを求めても、ムリというものです。このような力は、成長の過程で身についていき、トレーニング次第でグッと伸ばすことができます。

　先に1つ忠告しておくと、**男性エネルギーが低い状態で恋愛をするのは絶対やめてください**。脳内が恋愛、女性に支配され、自分の中に相手の女性エネルギーが入り込んできます。**そして最終的に女性エネルギーに負けてしまい、男性として使い物にならなくなります**。

　女性エネルギーに支配された男の特徴を挙げておきましょう。

「なぜか仕事や勉強のやる気が出ない」「ナヨナヨした態度になる」「急に他の女性からモテなくなる」「IQ が下がる」「まともな判断ができなくなる」「相手の女性に無性に会いたくなる」「常に連絡を気にしてしまう」 などです。

　このように相手の女性や恋愛自体に依存的になってしまいます。いわば、気力がなくて、気持ち悪い男性になってしまうのです。

　「僕は大丈夫」と思っていても、実際にそういう男性の例を僕は何人も見てきました。男性エネルギーを十分に高めてから恋愛をしましょう。

女性エネルギーに支配された男の特徴

○○ちゃんがいないと生きてけないよ〜

・なぜか仕事や勉強のやる気が出ない
・ナヨナヨした態度になる
・急に他の女性からモテなくなる
・IQ が下がる
・まともな判断ができなくなる
・相手の女性に無性に会いたくなる
・常に連絡を気にしてしまう

ナヨナヨ

意図的に男性エネルギーを強化しなければいけない

藻手内くん、男性エネルギーは自分の意思で強くしなければいけないんです。その理由がわかりますか？

う～ん、草食系男子とかが流行しているからですか？

その発想は正解に近いですね。**現代の資本主義社会で生まれた男性は、男性エネルギーをそれほど必要としていません。それは、なくても死なないからです。**太古の昔であれば、オスに生まれた人間は食料や資源の確保のため、男性エネルギーを発揮し、結果を出さなければ死んでいました。

たしかに現代と違い、太古の昔では、逆に僕みたいなひ弱なオタクは排除されそうです。

そうですね。食料が獲れない男性は死に、子孫を残せず遺伝子が淘汰されていました。ですが、現代の人類は男性エネルギーを高めなくても生きていけます。そのため現代では、男性エネルギーが低い状態のまま、ボーッと大人になる個体もいます。

それは僕のことかもしれません……。

藻手内くんはこの本で変われるので大丈夫ですよ。ただ、男性エネルギーが低い状態のままカノジョができて付き合っても、**女性エネルギーに負けて依存体質になってしまい、その結果、仕事も恋愛もうまくいかなくなり、フラれてしまうでしょう。**

ゲッ……、どうすればいいんですか。

だから自分から意図的に男性エネルギーを強化しましょう。どのように男性エネルギーを高めるかをこれから教えますね。

男性エネルギーの強化法

男性エネルギーを高める
4つのアクションリスト

1. 仕事に熱中する
2. 運動
3. エロ禁
4. 空腹

できることから
取り組んでみよう

男性エネルギー強化法① 仕事に熱中する

　男性エネルギーの4つの強化方法をお伝えするので、できるところから行動に移してみてください。

　太古の昔では、オス＝男性の役割は食料を確保することで、それは現代では仕事です。仕事でお金を稼ぎ、食料と交換できる資本主義というシステムを人類は作りました。

　この食料確保に向けて動く、現代では働くことが、男性エネルギー強化には一番近道です。がむしゃらに一生懸命に働くだけでなく、**大事なのは、成果を出すこと**。

　会社員なら利益を出し、数字でも実績を出すことです。熱意ややる気ではなく、**成果という「結果」を出す**のが男性エネルギー強化につながります。

　頑張るだけなら誰でもできますが、**成果を出すには、リーダーシップやリスク管理能力、論理的思考力、チャレンジ精神などが必要**だからです。

　会社や他人に言われたことをやるのではなく、必死に頭を回転させて、挑戦して自分が責任ある立場になっていくことで男性エネルギーが必要な場面がたくさん訪れます。

会社で利益を上げ、それが自分の給料として返ってくるという循環は、男性エネルギー強化にとても効果があります。

結果的に会社で出世したり、自営業であれば、事業がさらにうまくいったりします。

男性であれば、仕事をして成果を出す、という、当たり前のことを目指しましょう。それこそが、男性エネルギー強化の必須の項目です。

男性エネルギー強化法② 運動

現代人である私たちは、デスクワークだと仕事中も座っていますし、運動不足気味の人が多いと思います。でも、生物の本能に従うと、体を動かさないことは自然から反しています。**男性は体を動かさないと、食料を獲りに行く戦闘モードに切り替わらず、男性エネルギーの低下を招きます。**

運動不足は本能と時代がかみ合っていないエラーです。「自分は食料を獲りに行くんだ」と体を騙すためにも、運動をしましょう。

一番簡単な運動は、**足を使うウォーキング**です。人類は二足歩行を獲得したことで大幅に発展しました。周囲を探索し、獲物や食料を探すのも徒歩でした。だから、歩かない現代が人類にとって異常です。

歩数計のアプリはスマホにもだいたい付属していて、数字は目標になります。とにかく歩きましょう。**年齢によって違いますが、1日だいたい6000歩から1万歩がいいとされています。**

家と会社の往復だけではそんなに歩かないと思うので、歩く距離や、立ったままの作業など、足を使う時間を意識しましょう。それを数カ月続けると、元気になり、やる気がみなぎるのがわかるでしょう。

もっと運動をしたい人は、ランニングやジムや自宅での筋トレもいいでしょう。休日や仕事終わりに趣味のスポーツをする時間を作れば、運動の習慣化もできます。

一番のベースはウォーキング、足を使うこと。

その上で、しっかり筋肉を動かして競争状態に持ち込んでいくと男性エネルギーがさらに強化されていきます。

男性エネルギー強化法③ エロ禁

「エロ禁」とは強すぎる性的刺激を禁止すること。

現代の男性には厳しい注文をします。**ずばり、ポルノを観ないでください。**

人間の脳は仮想と現実の世界を区別できません。本能的に画面の向こう側を認識する能力が備わっていないのでしっかりと理解できないのです。つまり男性がポルノの激しいセックスを見ると「自分は今AV女優とセックスしているのだ」と脳が勘違いして満足してしまうのです。

最近のAV女優はアイドルを超えるようなルックス、体をしています。AV自体は、台本があり監督がいて制作されています。カワイイ女性がセックスしている刺激的なAVを、われわれは簡単に観ることができます。

男性の脳は「(AVで)最高の女性と簡単に毎日セックスできる」ことで満たされてしまいます。そうすると「子孫を残すために現実の女性相手に頑張る」というモチベーション、やる気が出なくなります。

AVは手軽で、リスクがありません。

リアルの女性に挑戦すれば、AVのように30分や1時間では終わらないですし、実力勝負なのでうまくいかないこともあります。

何回かデートをするのであれば数日かかるので、手間はかかります。

だからAVで済ませてしまうと、リアルへの気力が削がれます。これは危険です。

また、ポルノの強すぎる刺激に慣れてしまい、いざ本番となったときに機能不全に陥る男性も増えてきています。

人類のモチベーションの源は生存と生殖です。そのうちの生殖をAVで済ませて、満たされてしまうのはとても危ないことです。

現代では普段生活している中で、明日食べるものがない、獣に襲われるなどの危険性も低いです。その人類の発展、安定した生活はありがたいことですが、その半面、日常生活での挑戦する気力がなくなってきています。

だから、この理屈を理解して、あえて不足を作り出すのです。

満たされない状態だと、モチベーションを獲得できます。

「リアルな女性をゲットしたい」という目標を達成しようとすると、男性エネルギーは高まるようにできているのです。

男性エネルギー強化法④ 空腹

エロ禁と同じく、生存本能では、食事を取りすぎないことも重要です。お腹が空いていると、食料確保に挑戦しようとします。しかしお腹が満たされているとやる気、モチ

ベーションは高まりません。現代はご飯に困ることはあまりないのでやる気は落ちっぱなしで、特にお昼ご飯の後は、眠くなって集中力が落ちますよね。

　そもそも原始時代の人間は1日3食も食べていません。常に空腹の中で必死に食料を確保してきました。

　食後は体の動きとして消化・吸収を行います。食べたものが栄養に変わり、蓄えられます。食後は食料確保を考えなくていいので、集中力が落ち、眠くなります。人間の体の基本的な反応です。

　朝・昼・夜の食事を食べた上に、お菓子の間食やお酒を飲んだりすると、常に満腹でやる気が起きません。**男性エネルギーは何かが不足していたり、不満があるという満たされない状態でこそ、高まっていきます**。

　みなさんも自分の体で実験したことがあるかもしれませんし、自分なりの方法を持っている人もいるでしょう。

　僕は、朝起きてからある程度の仕事が終わるまでは、固形物を食べないという方法をとっています。コーヒー、お茶、スムージーなどの液体は摂取しますが、動画の収録などの重たい仕事は、食事の前に行います。これは空腹状態のほうが集中でき、エネルギーが出るからです。

　重要な仕事が終わったらお昼ご飯を食べ、午後は作業をして、夕方にはしっかり夕ご飯を食べる。このような配分だと、集中力や男性エネルギーがコントロールできます。

　空腹によって発生するエネルギーで朝に一気に仕事をして、お昼ご飯後はそれほどエネルギーを必要としない仕事にシフトするのが理想的だと自分でも思います。

　僕の事例も1つの実験で、誰にでも当てはまる正解はないので、自分自身の体調に合わせて実践してみましょう。

生存と生殖こそモチベーションの源

　仕事への集中や運動、エロ禁、空腹の維持を実践すると、活力と行動力にあふれたオスになることができます。結局のところ、人間は生存本能、生殖本能がすべてのパワーの源となっているのです。

　普段の日常生活で男性エネルギーを高めると、相手の女性エネルギーに負けなくなり、女性と対等な関係性を構築できます。

　男性エネルギーを高めることを常に意識してください。

女性エネルギーを高める方法

男女のエネルギーの共存を目指す

藻手内くん、男性エネルギーと女性エネルギーの両方を高いレベルで獲得できたらどんなことができますか？

うーん。なんでしたっけ？　1つ言えるのは確実にモテますね。

それも正解ですね。第3部の冒頭で伝えたように、魅力的な男性は、男性・女性エネルギーの両方を高いレベルで持っています。それにより、リーダーシップや目標達成力が発揮できる男性的な面、物腰が柔らかく、周りに気遣いができ、甘え上手で美意識が高い女性的な面の両方を兼ね備えることができます。

わかりました。僕なんかは女性エネルギーにやられないように気をつけないとですね。

まさにそうです。みなさん、最初に男性エネルギーを高めないといけません。それを飛ばして女性と付き合ったりすると、負けてしまいます。
女性エネルギーが高い人と関われるようになれば、あなた自身の男性エネルギーも高いステージにあると思われます。

RPGゲームと一緒ですね。
最初に自分のレベル上げが必要なんですね。

その通りです。**男性エネルギーのレベルが上がると、自然発生的にレベルの高い女性と出会えます。**

でも、男でありながら女性エネルギーを高めるにはどうしたらいいんですか？

女性エネルギーを高める方法が2つあるので解説していきます。

女性エネルギー強化法① 女性エネルギーの高い人と関わる

人間は常に環境の影響を受けます。

女性エネルギーが高い人と関われば、自分の中に相手のエネルギーが流入してきます。**自分の男性エネルギーが十分であれば、相手の女性エネルギーを取り入れ、使えるようになるのです。**

もし、自分の男性エネルギーのレベルが足りていなければ、女性エネルギーが入ってきたときに負けてしまい、ふがいない男になってしまいます。そのためにも自分のレベルを上げておきましょう。

自身の男性エネルギーレベルが高いと、魅力的な女性も対等にあなたと向き合ってくれて、関係性を作ることができるようになります。つまり、素敵で、カワイくて、美人な女性と付き合うには、自分も魅力的になるしかないのです。

あなたがどういった女性と関係を持つのかで、今後出会える女性が変わってきます。だからなるべく女性エネルギーが高い人と関わるようにしてください。

女性エネルギー強化法② 女性が触れる媒体に触れる

前述した通り、人は環境から影響を受けます。よって、女性エネルギーが高い人が触れている情報を集めれば、あなたのレベルも上がっていきます。

例えばインスタグラムのフォロー先やYouTubeで見る動画を、美容系や女性が美しくなるための情報に変えてみるのもいいでしょう。

また、女性が好きそうなインスタ映えのするオシャレなカフェや展覧会に足を運んでみることで、女性エネルギーが高い人が触れている情報を得ることもできます。

どういった情報、どのような場所を知っておけばいいのかで悩んだときは、女性エネルギーの高い方に聞いてください。

女性の流行は移り変わりが早いので気をつけましょう。

リアルタイムで、女性が今何を見て、どんなものに興味があるのか。そういったものを聞いて、自分に取り込んでいく姿勢が求められます。

フラれてしまったあなたへ

「悔しい」そのエネルギーをどう使うか

藻手内くんもあると思うけど、気になる女性にフラれてしまった、別れた女性を忘れられない、ということは人生にありがちです。**なんとしても復縁したい人に、一度だけ逆転することができる手段があります。**

それはぜひ知りたいです!

全部で3ステップあるので、190ページで解説します。全部やれば、ふった女性が求める魅力的な男になれます。ただし、**フラれたときにNGアクションをする男性が多いので、それは絶対にやめてください。NGアクションをすると、相手の女性だけでなく周囲の全員から非モテ男の烙印を押されてしまいます。**

ええーー。それは困ります。

フラれた怨念が行きすぎるとストーカーのようになり、警察に逮捕されたり、弁護士が間に入り、元カノとは直接の連絡が取れなくなったりします。そういう男性を何人も見てきましたよ。

よくニュースでそういう事件見ますよね。

別れは、人間を狂わせるレベルの大きなエネルギーがあります。フラれるのは、「悔しくて、しんどくて、つらい」ことですからね。

ジュン先生もそんな気持ちがわかるんですか?

わかりますよ。僕自身も20歳のときに好きだった子にフラれて。悔しくて、新神戸駅から実家の博多まで新幹線に乗って、缶チューハイを7本空けました。家に着いたらオカンに「大丈夫?」と言われましたよ。

ジュン先生にもそんなことが!!

でも、フラれたエネルギーを正しい方向に持っていくと、いいことが起こります。周りの男性から信頼され、もっといい女性が寄ってきたり、社会的に成功し、つった女性を後悔させることもできます。**フラれたあなたは人生の分岐点にいるんです。**

ステップ1 絶対に追わない

フラれた相手とやり直すためのステップその1は「絶対に追わない」ことです。これが一番大事なんです。**フラれても、何度もアタックしたりするのは100％ムリ、絶対にダメです。**

テレビドラマやマンガでは、何回も告白されて、熱意に負けましたみたいなエピソードがありますね。そんな話が素敵、すごいとなるのは、なかなか世の中にないからです。珍しくて、ファンタジーだから評判になるんです。**「熱い告白をしよう。私たちが背中を押すよ」なんてことを歌うアイドルソングがありますが、信じてはダメです。**

偉そうに語ってますが、僕は、20歳のとき好きだった女性にフラれました。追いかけるのはよくないとわかっているはずなのに、その女性に「なぜ僕じゃダメなの？」「先輩といい感じという話を聞いたけど本当なの？」と聞きました。ですが、今だと冷静になれます。そんなことをする男は「キモい」です。やはりフラれたときには絶対に追ってはいけません。

女性が本能的に好きになってしまう男は科学的にわかっています。女性はモテる男、周りに女性がいる男が好きです。なぜならその性質を子どもに受け継がせたいと考えるからです。われわれの恋愛に関する本能は、子孫繁栄のために進化してきました。子どもがモテたら孫もモテる可能性が高くてひ孫が増える。これは生物学でいう多産性に関連しています。

モテる男性は追いかけずに「それなら他の女性に行くね。さようなら」という態度をとります。この引き際の潔さをマネしましょう。あなたの価値をこの引き際で植え付けることができます。

ステップ2 自分磨きに集中する

ステップ2は「自分磨きに集中する」ことです。フラれたときには「悔しい。なんで俺じゃないんだ」と恨み節すら出ると思います。**このエネルギーを多くの人は相手女性に向けてしまいます。でもそれは女性サイドからすると「気持ち悪い」です。**

だから、ベクトルを自分自身の成長に向けましょう。このフラれたときの人間のモチベーションや行動力はとても高い状態です。人生の中でもここまで感情、エネルギーがあふれるときはないかもしれません。**この貴重なエネルギーをフラれた相手にぶつけている場合ではありません。**自分のレベルアップに使えば、めちゃくちゃ成長して、いい男になれます。

やるべきことは「見た目を整える」「全力で仕事をする」「友人や趣味などに熱中する」の3つです。これができれば日常が充実してきます。女性目線では、「私がいなくても

楽しそうだな。カッコよくなってるし、うまくいってるっぽいな」と思われます。

女性がいなくても「あなた自身が人生を充実させる」ことが逆転への近道なのです。

ステップ3　タイミングで距離を詰める

ステップ3は、「タイミングで距離を詰める」ことです。

このタイミングとは、狙っている女性の周りが付き合い出したり、結婚式のラッシュがあったなど、恋愛がしたくなるタイミングです。その子が、彼氏と別れたタイミングでももちろん大丈夫です。そんなタイミングを待ちましょう。**ステップ2から3の間は基本的に待ちです。**

「いやジュンさん。僕はなんとしても、今すぐによりを戻したいんです」と言われることがありますが、それはムリです。**なぜなら女性の気持ちを無視しているからです。そんな自分勝手な男と付き合いたいと思うでしょうか**。相手の準備が整うまで待ってあげてください。この待ち時間も自分磨きに使えるとベストです。

タイミングが来たら、ご飯やお茶にでも誘ってみてください。

デートでは、恋愛話をして次の言葉を言ってみてください。**「いろんな子と遊んでみたけど、やっぱり君以上の人が見つからないんだよね」。これでもうクロージングできます。**

前段階であるステップ2でやってほしいのは、女性慣れするために、周りに女性がいることを日常にして、「多産性」を磨いておくことです。つまり女性に対して慣れ、女性の感情や感覚、女性心理がわかることが大事です。

そして、最後の最後に「多くの選択肢の中から、やっぱり君がいいと思っています」という特別に選び取ったという感情を植え付けます。

この状況を作り上げれば、あなたの逆転勝利が見えてきます。

非モテの「君しかいない」は気持ち悪いだけ

男女が付き合う上で、女性が求める結論を発表します。

それは**「モテる男性が、多くの選択肢の中から私を選んだ」**ということです。

女性の言う誠実、一途とはドラマなどで見る「(僕は他の女性に相手にされないから)君しかいない」ではなく、「(多くの女性の中から)私だけが選ばれた」なのです。

非モテが女性に対して「君だけ」と言うのは、確実に嫌われます。この事実は、誰も教えてくれませんが、日本中に広まってほしいです。男性が持つ「君だけしかいないという熱意」はストーカー的で気持ち悪いんです。求められていない優しさは、ただの迷惑なのです。

女性が「大切にしてほしい」と考える相手は、女性に慣れていて、たくさんの女性経験があり、とてもモテる魅力のある男性のことです。女性にとっては、それほどのモテ男が「一緒にいてほしい」と自分を選ぶことに価値があるのです。

この事実を理解したとき、男性は努力の方向性がわかります。そして、女性との距離を縮め方、タイミングの計り方など、いろんなことを理解して、よりモテる男への階段をのぼっていけるのです。

だから、付き合ってもいないのに「君しかいない」と伝えるのはやめておきましょう。非モテだと自らを証明するようなものです。

女性が求めるのは**「モテる男」**が**「多くの選択肢の中から」**私を選んだ

他の女　キミが好きだ　キュン

あの子にフラれたおかげで今の自分がいる

　男性でも女性でも、関係がある相手のことをフルのは、気持ちいいことではありません。**でも、相手の女性は「あなたはそのままじゃダメだよ」と勇気を出して言ってくれたとも考えられます。**男性のメンタルはボコボコに折られますが「フラれるばかりの人生はイヤだな」と、這い上がることができます。

　もし好きだった女性に別れを告げられて、悔しくて、寂しくて、ふがいないと思っても大丈夫です。人生はそこで終わるわけじゃない。あなたがどういう立ち直り方をするかで変わります。

　正しくいい方向に立ち直れると、振り返ったときに**「あの子がフってくれたおかげで今の自分がいる」「今の自分の人生にあの子にフラれる経験が必要だった」**と思えるはずです。「むしろありがたい」と思えれば、意味があったことだし、そういう経験があればこそ、女性にカッコイイと思われます。

　僕は、とある方から**「男が一流で素晴らしい人物になるためのルートは、好きな女性に2回フラれること」**という言葉を学びました。男にとっては**「フラれることも人生で最大のイベント」**です。好きだった女の子にフラれたら、絶望を知り、強くなれます。だからあきらめないでください。立ち直ったとき、本当の魅力を備えて、あなたにふさわしい女性と出会うことができます。**「あの女性にフラれたおかげで今の自分がある。ありがたい」。そう思えるようになったら、あなたはもう一人前の魅力的な男になれています。**

学長も乗り越えてきたんだなぁ

あのときフってくれてありがとう

魅力とは「与える人」になること

魅は与によって生じ、求によって滅する

　近年亡くなられましたが、無能唱元という人間学を説くお坊さんの言葉に「魅は与によって生じ、求によって滅する」というものがあります。

　わかりやすく訳すと、**魅力は「与えること」によって生まれ、「求めること」によって消えていく**という意味です。つまり、あらゆる人に「与える人」になれば自ずとあなたが欲しいものはやってきます。

　このことわざの意味をわかりやすくするために「恋愛」に絞ってみます。

　今までの講座で提唱してきた**「本能的魅力を持つ男」**とは**「女性本能が求めていること」を提供できる男性**のことです。

　例えば、一緒にいる女性に以下のようなことを提供できます。

・自分の遺伝子的能力の高さを伝える

・喜ぶ言葉を適切なタイミングで投げる

・一緒にいることで日常を忘れさせる

・決断し、リードする

魅力は「与えること」によって生まれ、「求めること」によって消えていく

　これができれば、自然と女性から求められるような男性になるということです。

　女性はこのような男性と一緒にいると、自己重要感が満たされ、自分の価値に気づくことができ、自分を解放できます。さらに「優秀なオスに選ばれた（種をもらえた）」という生殖優位の実感と、優秀な男性の庇護下にいる安心感もあります。

　魅力を持つ男を目指すために、僕から言えるのは以下の3つです。

魅了される側ではなく、魅了する側になりましょう。

好きにさせられる側ではなく、好きにさせる側になりましょう。

守られる側ではなく、守る側になりましょう。

　世の中の成功者や、人が集まる魅力的な方々は例外なく与える側です。

ただ生きているだけで魅力が下がる時代

　アイドルの握手会に列をなしている人たちは「アイドルに楽しませてもらっている側」です。だから推しと付き合うことはおろか、会話すらできない立場です。

「誰かに楽しませてもらっているうち」は、憧れているモノ（人）は手に入りません。

何かを得る人たちは「いつも提供側」です。お金、自由、人望を持つ経営者は従業員の生活を背負い、顧客のニーズを考え、商品開発と経営をしています。だから経営者には、多くのお金が集まってくるのです。

**　モテる男性とは、女性を楽しませて幸せにする側にいます。女性心理を勉強し、最大限の努力をするからこそ、誰もがうらやむ美女をゲットして、多くの女性からも求められます。**「誰か自分を幸せにしてほしい」「お金持ちにしてもらいたい」「ありのままの僕を好きなってほしい」などと努力せずに求めてばかりいると、人生で何も得られません。

　現代は、生きているだけで、本能的な魅力が下がる時代です。なぜなら、私たちが守られているからです。

　僕自身も貧乏は経験しましたが、今日食べるご飯や、住む場所に困るようなことはほとんどありません。国、社会、法律、親などが守ってくれているのです。

　さらに最近では、スマホで簡単に快楽を受け取れるようにもなりました。家で寝ているだけで、無料で大量の娯楽を眺めることができます。AV、映画、ショート動画、YouTube、SNS……。生活面では労働基準法があり、最悪の場合、生活保護に頼ることもできます。生まれた瞬間から、私たちは満たされ、守られ「誰かが与えてくれるの

が当たり前」と思っています。満たされていると「ここから抜け出そう」「誰かを幸せにするために守ろう」とはあまり思いません。

現実に不満があれば、誰かのせいにします。

政治や会社、仕事内容への文句を SNS に書き込んだり、ファンであった YouTuber にアンチコメントを書いたりします。まさに「生きているだけで魅力が下がって」います。

だから、あなたも早く、与える側を目指しましょう。

今度は君が、誰かを幸せにする番だ

さて、藻手内くん、第3部もおしまいです。
この本で成長できましたか？

はい。本を読む前と読んだ後では違う人間になれた気えさします。

本当ですか？

生徒を信じてくださいよ。
自分の成長も感じますし、女性の気持ちも考えるようになりました。なんといっても視野が広がった気がします。

本当の魅力を獲得するには、「自分のことは誰かが○○にしてくれる」というマインドを変えなければなりません。
これを変えなければ、モテるようになったりお金持ちになったり、人望を集めたり、満足のいく後悔しない人生を送ることはできません。
求めることは愚かな行為です。求とは＝愚なのです。

そうですね。何があっても自分の力が足りないせいだと思うことにします。

その通りです。ここまで読んでいただいたみなさんには、人生を切り開き、挑戦し、学び、失敗と修正を繰り返してほしいと思います。その上で、周りの人や関わる人の求めているものを理解していってください。

はい。トライアルアンドエラーをしていれば、モテもついてきますよね。

それをやり続けた結果、関わる人を喜ばせて、幸せにできる男になれます。藻手内くんを含め、魅力的な男性が世界中で増えてくれたら、僕自身もこの本を書いた意義があります。
誰かに与える側になってください。その先に「あなたと出会えてよかった」と言われるような素敵な出会いや、最高の人生が待っています。
僕もこれからまだまだ精進します。
最後にひと言
「今度は君が、誰かを幸せにする番だ」

僕ももう一度この本で学び直して、実践するぞ〜！

おわりに

「恋愛にはルールがあり、それを学べば攻略できる」

人は、本能の奴隷です。

子孫を残したい。死にたくない。そのためには、食べられるときに栄養を可能な限り摂っておきたい。眠れるときに眠って体力を温存しておきたい。身近にいる魅力的な異性と交尾したい。

その目的の達成のため、僕らの「楽しい」「気持ちいい」「嬉しい」「ドキドキ」「美味しい」「つらい」「気持ち悪い」「不快」といった感情がデザインされています。

しかし同時に、僕らには世の中のしくみを理解し、使いこなすことができる「理性」という能力が備わっています。知識を獲得して、使いこなせば、あらゆる現象を説明でき、望む現実を得ることができます。

本書では女性本能のしくみを中心にお伝えさせていただきました。

今まで「摩訶不思議な現象」と思っていた恋愛感情が、論理的に理解できたのではないでしょうか。

そして、知識を得ることによって、あなたは「大切な人を幸せにできる力」を手にしました。

「無知は、人に迷惑をかける」

僕がこの事実に気づいてから、正しい情報を広め、多くの恋愛に悩む人を救う活動が始まりました。**無知だったころの僕は、好きになった女性に迷惑をかけ、イヤな思いをさせてしまっていたのです。**

中学2年のとき、好きになった子にずっと遠くから視線を送り続けていました。高校1年のとき、話したこともないのに急に友達から電話番号を聞いて、突然告白しました。20歳のとき、フラれた子にいつまでも執着して、次の彼氏の詮索をしていました。本当に迷惑で、最低な男だったと思います。そしてフラれ続けて、女性に無視され続ける自分に、嫌気がさしていました。自信のカケラもありませんでした。

しかし、今振り返ると…あの経験があったから、こうやって女性本能を研究し、多くの人に届けられるようになりました。

そして今、僕の隣にいてくれる女性を、幸せにできるようになりました。受講生たちが、出会った女性を幸せにしてくれるようになりました。この活動を通して、多くの魅力的な方々と出会うことができ、会社も大きくなり、たくさんの優秀な仲間と出会うこともできました。

当時の僕からは想像もつかないような、幸せな毎日を送ることができています。

すべてはあのとき、フってくれたおかげ。

そして「学ぼう」「変わろう」と決意したから。

大丈夫、あなたにもできます。
関わる女性を幸せにできる魅力的な男に、一緒に成長していきましょう。

僕の YouTube チャンネルでは、本書で語り尽くせなかった具体的なテクニックや恋愛講義を配信しております。

また「魅力の大学」では、ゼロから魅力的な男へと最短で進化する有料プログラムを用意しています。6000 名以上が受講し、人生を変えています。SNS や YouTube などから僕の LINE に登録すると案内が届きますので、興味がある方は登録してみてください。

今まで出会ってくれたすべての女性と、支えてくれたすべての男性に、心からの感謝を。

そして、みなさんの成長と、関わる女性の幸せを、心より願っております。

「恋愛を学べば、人生は変わる」

恋愛屋ジュン

【著者紹介】

恋愛屋ジュン（れんあいやじゅん）

カッコイイ大人のための、魅力を学ぶプラットフォーム「魅力の大学」学長。
累計再生回数 4000 万回を超える、登録者 22 万人超の恋愛系 YouTube チャンネル
【魅力の大学】を運営。
学生時代に3度の失恋を経験し、一念発起。独自の調査やホストの経験、人生で出会っ
てきた魅力的な人を研究して学んだことを集積し、独自の理論を確立する。
現在は起業家として、多くの事業の設計と立ち上げにも注力。
恋愛だけでなく、仕事・人間関係・人生を通して成功し、関わる女性を幸せにするため
の方法を発信している。

魅力の大学 https://attraction-univ.com
魅力の大学公式 YouTube https://www.youtube.com/@attractionuniv
Xアカウント @jun_online_

恋愛の大学

2024 年 3 月 30 日　第 1 刷発行

著　者	恋愛屋ジュン
発行者	矢島和郎
発行所	株式会社 飛鳥新社

〒 101-0003
東京都千代田区一ツ橋 2-4-3　光文恒産ビル
電話（営業）03-3263-7770（編集）03-3263-7773
https://www.asukashinsha.co.jp

装　丁	小口翔平＋嵩あかり（tobufune）
イラスト	田島ゆみ
ブックライティング	松本祐貴
校　正	麦秋アートセンター
印刷・製本	中央精版印刷株式会社

編集担当　杉山茂勲